KB201531

천국
복음

로마서 강해

천국
복음

- 초판 1쇄 인쇄 2021년 11월 5일
- 초판 1쇄 발행 2021년 11월 13일

- 지은이 유연동
- 펴낸이 조유선
- 펴낸곳 누가출판사

- 등록번호 제315-2013-000030호
- 등록일자 2013. 5. 7.
- 주소 서울특별시 강서구 공항대로 59다길 276 (염창동)
- 전화 02-826-8802 팩스 02-6455-8805

- 정가 16,000원
- ISBN 979-11-85677-70-5 03230

로마서는 영적 회복과 부흥을 일으키며 성숙한 그리스도인이 되게한다!
로마서는 성경 중의 성경이라 하며 다이아몬드와 같다!

천국복음

● 로마서 강해 ●

유연동 지음

로마서는 신학자와 목회자와 많은 성도들로부터 사랑을
받고 있으며 복음을 정확하게 알게 합니다. 복음을 정확하게
모르고 신앙생활하는 사람이 많습니다. 신앙 문제는 복음을
모르는 데서 발생합니다. 로마서는 복음과 믿음과 삶에 대하여
체계적으로 기록되어 있습니다. 그러므로 로마서를 통해 복음을 바르고
정확하게 알게 되면 복음의 기초 위에 신앙을 든든히 세우는 견고한 믿음의
성도가 될 수 있습니다. 초신자들에게는 로마서를 통해 구원의 확신을 가지게
합니다. 오래된 신자들에게는 로마서를 통해 믿음이 더욱 견고하게 됩니다. 이단들이
동서 사방에서 유혹하는 이때 로마서를 통해 견고한 믿음의 사람으로 서게 될 것입니다.
로마서는 영적 회복과 부흥을 일으키며 성숙한 그리스도인이 되게 합니다. 복음은 우리
신앙의 핵심이고 기초입니다. 복음 안에 생명이 있고 사람을 변화시키는 능력이 있습니다.

출판사

누가

정성구 박사 | 전 총신대, 대신대 총장

유연동 목사님은 목회자이자 부흥사이시다. 그는 1971년 인천 영광교회 전도사로 시작해서, 1980년에 오늘의 광성교회를 개척 시무하시다가 성역 50주년에 섬기는 교회에서 은퇴하시게 되었다. 그는 목회에 충실하면서도 1,500여 개 교회에 부흥회를 인도하셨고, 많은 분들에게 은혜를 나누어 주셨다.

특별히 유 목사님께서는 성경의 교리서인 로마서 연구에 집중하시어 매주일 일반 성도들이 누구나 알아듣기 쉬운 말로 기독교의 교리를 요약하고 풀어 설교하신 것을 책으로 엮어내셨다. 아마도 이 책은 반세기 동안의 목양을 마치고 내놓은 결과물이라고 본다. 이 책은 성도들과 목회자들이 읽고 교리적 확신을 갖는데 크게 도움이 될 줄 알고 몇 자 적어 추천에 대하는 바이다. 앞으로 원로 목사로서 복음 전도에 더욱 크게 쓰임 받으시기를 바란다.

전계헌 목사 | 대한예수교장로회 제102회 총회장

　유연동 목사님은 우리 주 예수 그리스도 주님의 부르심을 받아 50년 4개월이라는 오랜 세월동안 오직 복음전파를 위하여 목회자와 부흥사로 성역을 감당해왔습니다. 유연동 목사님은 평소 온유하고 검손하며 외유내강한 인격과 성품을 지니신 분입니다. 유연동 목사님은 철저한 개혁주의 신앙과 사상으로 하나님 중심, 성경 중심, 교회 중심으로 포괄적인 목회체계를 이루신 분이십니다. 유연동 목사님은 어느 강단에서나 철저히 성경본문 중심설교를 해왔습니다. 그중 특별히 로마서를 통하여 큰 은혜를 받고 로마서를 '나의 성경 나의 복음'으로 여기면서 본 교회에서 뿐 아니라 부흥사로 집회를 인도할 때도 로마서강해를 즐겨하셨습니다. 그렇게 사랑한 로마서의 복음을 요약하여 한 권의 책으로 출간하게 되었습니다.

　오늘 우리가 살고 있는 이 시대는 코로나 19 바이러스 때문에 온 지구촌이 또 한 번의 큰 위기에 당면하였습니다. 그렇지 않아도 오늘 교회는 하나님을 기쁘시게 하는 성경적인 바른 복음과 바른 신앙을 외면하고 지나치게 인본주의적이며 세속주의적인 가치에 젖어 신앙이 탈선의 위기에 처해 있는 상황입니다. 역사적으로 교회는 일제치하에서 신사참배를 강요당하여 교회가 정상적인 예배가 위협을 받았습니다. 지금은 코로나 바이러스를 빌미로 교회의 모이기를 힘쓰는 정상적인 예배가 국가 공권력에 의하여 협박을 받고 있습니다. 그러므로 지금은 그 어느 때보다도 철저한 성경 중심의 복음나팔을 불어야 하고 성경에서 가르치는 구체적인 삶이 요구되는 아주 심각한 때라고 여겨집니다.

이때에 출간되는 로마서 요약설교집『천국복음』이 널리 읽혀지고 읽는 모든 독자들에게 "오직 의인은 믿음으로 살리라!"는 고독한 몸부림이 있기를 간곡히 바랍니다.

곽도희 목사 | 기독교한국침례회 증경총회장

이 책을 쓴 유연동 목사는 광성교회를 개척하여 은퇴하시기까지 말씀으로 충만한 지성의 목회자이며 성령이 충만한 영성의 부흥사로서 오직 로마서에 담긴 주옥같은 말씀으로 교회의 본질을 가르치며 교회의 회복과 부흥을 선포하셨습니다.

F. F. 브루스는 말하길 로마서는 "혁명의 책"이라고 하였는데 그동안의 기독교 역사를 살펴보면 수많은 사람들이 로마서의 복음으로 영적부흥의 혁명이 수없이 일어났습니다.

오늘날 많은 사람들이 복음을 안다 고는 하지만 여전히 구원의 확신과 감격을 느껴보지 못한 채 천국의 소망은 희미하며 잘못된 복음을 붙들고 있는 사람들이 얼마나 많습니까?

그러므로 지금 한국 교회가 새로워지고 성도들이 영적 부흥을 체험하려면 로마서에 담긴 뜨거운 복음의 메시지를 다시 한 번 들어야 한다고 생각합니다.

하나님께서 아모스 선지자를 통하여 말씀하시기를 "양식이 없어 주림이 아니며 물이 없어 갈함이 아니요 여호와의 말씀을 듣지 못한 기갈이라"(암 8:11)고 하셨습니다.

이 시대는 말씀의 홍수시대인데 왜 하나님께서는 말씀을 듣지 못한 기갈이라고 하셨습니까? 그것은 말씀을 듣는 귀가 열리지 않았다는 말입니다. 그러므로 로마서를 통한 복음의 혁명이 일어나야 합니다.

심령은 말씀이 없고 메말라 갈급한데 그 갈급함이 말씀에서 온 것임을 깨닫지 못하고 세상 것으로 갈급함을 해결하려고 찾아 헤매고 있을 때 유연동 목사의 로마서강해 『천국복음』이라는 귀한 책이 나오게 된 것은 한국 교회의 기쁨이요 하나님께 큰 영광입니다.

이 책을 읽으시는 모든 분들에게 하나님의 역사하심을 인격적으로 체험하여 형식적인 종교 생활을 버리고 진정한 회심을 경험한 구원의 감격과 천국의 소망이 넘치는 신앙생활이 되시길 기도하며 하나님께서 베풀어 주실 큰 복이 확실히 믿어짐에 벅찬 감격을 받으며 기쁨으로 추천의 글을 드립니다.

권혁철 목사 | 예수교 장로회 근본총회 총회장

성경의 중심이 하나님의 섭리이며 우리를 구속하신 예수 그리스도의 십자가 구원인 복음입니다. 복음의 내용은 구속의 진리인데 이 진리를 가장 명료하고 정확하게 보다 깊이 있게 우리에게 제공하여 준 성경이 로마서입니다. 생명의 말씀인 성경 가운데에서도 하나님의 구원하심과 구원받은 성도들의 삶을 가장 정확하게 알려준 보석 같은 로마서 강해 설교를 하나님의 기쁘심을 이루어드린 모범적인 목회자로 교회와 성도들을 섬겨 오시고 교계에 부흥을 이끌어 오신 유연동 목사님께서 목회자들과 성도들을 위해 로마서 강해집을 편찬하심에 기쁜 마음으로 추천서를 쓰게 되었습니다.

목사님의 강해설교 내용이 목회자들이 참고하기와 성도들의 신앙생활에 크게 도움을 줄 수 있도록 하나님의 구원의 섭리와 예수 그리스도의 십자가 구속의 진리를 깊이 있게 경험하여 크게 유익을 줄 것을 확신합니다.

로마서 강해설교를 편찬하신 유연동 목사님과 이 책을 통해서 확실한 구원의 섭리와 성도들의 삶에 유익을 가져올 모든 분들께 주님의 한없으신 은혜와 평강이 함께 하시기를 기도드립니다.

강영준 목사 | 대한예수교장로회 합동총회 총회장

복음의 증인 유연동 목사님~~

존경하는 유연동 목사님 성역 50주년을 기념하여 목회 은퇴를 앞두시고 로마서 책을 집필하셨습니다.

광성교회를 개척하시고 영혼을 사랑하시는 마음으로 담임목회자로 주저 없이 몸을 주님께 던지며 50년을 국내와 전 세계를 다니시며 예수 그리스도의 복음의 증인으로 달려오셨습니다.

이번에 출간하신 로마서 설교를 통하여 다시 한 번 천국에 대한 확실한 구원에 메세지를 전하여 주신 것은 너무나 감동적입니다

복음에는 하나님의 의가 나타나서 믿음으로 믿음에 이르게 하나니 기록된바 오직 의인은 믿음으로 말미암아 살리라 함과 같으니라 (롬 1:17)

일평생 복음을 강하게 외치시면서 천국복음 오직 예수 구원에 확신을 주시는 구원에 말씀은 듣는 심령들로 하여금 큰 확신과 결단을 갖게 하시는 주옥같은 말씀이셨습니다. 오로지 산 기도로 늘 기도하시

면서 오직 복음에 사명을 위하여 하나님의 영광을 위해 성역의 어렵고 힘든 사역의 현장에서 흘린 땀과 열정은 성령의 열매가 되어 결실을 맺으셨기에 한국 교회의 귀감이 되시며 우리 후배 목회 사역자들의 가슴 깊이 복음의 증인으로 살아가는 삶이 어떤 것인지 깨우쳐 주시는 본을 삼게 하신 목회 사역이셨습니다.

광성교회를 섬기시는 사역 중에서도 김포에 광성교회를 세우시며 목양 일념 성전헌당 감사예배를 드리시고 젊은 후임 목사님께 인계하시고 은퇴를 하셨습니다. 유연동 목사님께서는 모범을 보이신 예수 그리스도의 정신을 이어받아서 선봉에 서서 주의 일을 감당하는 사역자이셨습니다.

오늘 이 시대에 빛과 소금에 역할을 감당해 오신 유연동 목사님과 광성교회 당회와 성도님 존경하고 사랑합니다. 집필하신 로마서 책 출간을 통하여 한국 교회에 속한 목회자들과 성도님들에게 많은 도전이 될 것을 믿습니다.

송기배 목사 | 전도비전대학 대표

존경하옵는 유연동 목사님을 옆에서 뵈옵는 것만으로도 머리가 저절로 숙여집니다. 이 땅에 수많은 목회자 분들이 계시지만 유연동 목사님만큼 영성과 지성을 겸비한 겸손한 목회자는 드물다고 여겨집니다.

목회를 훌륭하게 50년 성역을 잘 마치시고 세계 방방 1500여 교회 부흥회를 인도하시면서 성령의 감동을 통해 로마서 강해집인 『천국복음』을 집필하게 되심을 진심으로 축하하고 축복합니다.

저는 개인적으로 유연동 목사님의 은퇴 후의 사역이 더욱 활발해지고 더 큰 사명 감당하시리라 확신합니다. 왜냐하면? 제가 십 수번 들었던 유연동 목사님의 로마서 강해는 사도 바울의 심장을 가지고 심오한 말씀을 풀어 나가시는 그 모습은 그 어떤 강해보다 더 큰 감동이 있고 우리를 복음의 열정과 비전으로 물들게 하기 때문입니다. 또한 짧은 시간에 로마서 한 권을 정확하고 명쾌하게 꿰뚫어 주기 때문입니다.

그런 내용을 가지고 이번에 로마서 강해 『천국복음』을 출간하셨습니다. 이 책이 세상에 나와 이 책을 접하는 모든 분들이 사도 바울의 복음에 대한 열정과 감동으로 흥분하게 될 것을 확신합니다. 그래서 적극 추천합니다.

목차

1부 총론(복음과 성화)

2부 구원 정의

3부 구원받은 자의 열매

4부 로마서를 마친 후 단위별 설교요약

서문

할렐루야!

하나님이 내 생명을 이 땅에 주셔서 목회자로 50년을 살아오는 중에 광성교회를 41년 3개월을 목양하게 하시며 한국과 여러 나라에서 부흥회 도구로 사용해주신 하나님께 감사와 찬송과 영광을 올려드립니다.

10년 전 회갑이 찾아와 목회자로 40년을 살아온 삶을 뒤돌아보며 '예수님을 얼마나 닮았을까!'하는 생각에 잠겼습니다. 아무리 생각해봐도 예수님을 너무나 닮지 않아 제자훈련을 몇 년 받았습니다. 제자훈련을 받고 깨달은 것은 제자는 훈련만 받아 되는 것보다 제자 의식으로 살아야 제자가 되는 것이란 것을 발견했습니다. 그리고 40년을 한국과 여러 나라의 교회에 부름을 받아 부흥회를 인도하며 설교를 했는데 '나는 성경을 얼마나 어떻게 알고 있나!' 생각해보니 성경을 부분적으로는 탁월하게 보기도 했고 탁월한 설교라며 많은 사랑을 받기도 했으나 성경 전체를 보지 못함을 깨달아 말씀에 갈급하게 되었습니다.

그러다 국민일보 광고를 보고 한국 교회 백주년 기념관에서 개최되는 네비게이션 성경세미나에 참석하게 되어 성경 전체를 보는 법을 알게 되었고 특별히 로마서를 통해 큰 은혜를 받고 구원에 대해 확실히 깨닫게 되었으며 복음과 구원받는 사람이 맺는 열매에 대하여 로마서 전체의 말씀으로 부흥회를 인도하고 있습니다.

광성교회 목회 현장에서 주일 낮 예배에 선포된 말씀이 주보에 요약 설교로 남아있어 설교집을 출판하려는 마음은 항상 있었으나 용기가 없어 차일피일 미루다 은퇴 기념으로 로마서 요약 설교를 《천국복음》이라는 제목으로 출판하게 된 것은 하나님의 은혜입니다.

30분 설교한 내용을 주보 한 면에 다 넣을 수가 없어 내용을 줄이고 줄여 이해하기 쉽게 요약된 내용입니다. 이 책을 읽으면서 구원을 받고 구원의 확신을 가지며 구원받은 자가 맺는 열매를 많이 맺기를 기원합니다.

로마서 요약설교집을 출판하도록 물심양면 지원해주신 광성교회에 감사드리며 용기를 주신 송기배 목사님과 출판을 도우신 정종현 목사님, 원고자료에 도움을 주신 유두희 목사님, 원고 정리를 도운 사랑하는 딸 유진영 집사, 묵묵히 지켜보며 배려해준 아내 송순희 사모 그리고 추천해주신 모든 목사님들께 감사드립니다.

여기까지 인도해주신 하나님께 모든 감사와 영광 올려드리며 미말에 미력한 종이 더 많이 더 크게 천국복음 전도에 사용되어지기를 날마다 소원하며 기도드립니다.

2021.9
서재실에서
목부 유연동 목사

로마서를 통한 변화 역사

로마서는 16장으로 433절로 구성되어 있습니다. 쉬지 않고 읽으면 한 시간 정도면 읽을 수 있는 짧은 내용입니다. 그러나 이렇게 적은 분량의 로마서가 세계 역사를 수없이 변혁시켰습니다.

로마서를 통해 회심하고 변화되어 고귀하게 쓰임 받은 사람 중에 몇 사람 예를 들어보겠습니다.

① 어거스틴 – 말씀으로 회심하여 하나님께 쓰임 받았습니다.
   "낮에와 같이 단정히 행하고 방탕하거나 술 취하지 말며 음란하거나 호색하지 말며 다투거나 시기하지 말고" 롬 13:13

② 마틴 루터 – 말씀으로 종교개혁을 단행했습니다.
   "복음에는 하나님의 의가 나타나서 믿음으로 믿음에 이르게 하나니 기록된 바 오직 의인은 믿음으로 말미암아 살리라 함과 같으니라" 롬 1:17

③ 올리버 크롬웰 – 로마서를 기초로 하여 영국 청교도 혁명을 일으켰습니다.

④ 요한 웨슬레 – 올더스게 밑 거리에 있는 작은 교회 전도자가 로마서 서론을 강론할 때 말씀을 듣고 회심하여 하

나님께 쓰임 받았습니다.

⑤ 존 번연 – 베드포드 감옥에서 로마서를 읽다가 천로역정이라는 책을 썼습니다.

⑥ 일본의 신학자 우찌무라 간조 – 로마서를 통해 일본 사회를 갱신하는 운동을 일으켰습니다.

⑦ 독일의 신학자 칼 바르트 – 로마서 주해를 써서 신학의 대전환을 일으켰습니다.

그러므로 로마서는 성경 중의 성경이라 하며 다이아몬드와 같다 하였습니다. 로마서는 주후 58년경 바울이 로마교회에 있는 성도들에게 보낸 편지입니다. 로마서는 유일하게 바울 자신이 직접 세우지 않은 교회에 보낸 편지입니다.

바울이 보낸 서신은 대부분 자신이 직접 전도하여 세운 교회에게 보낸 편지로 교회 안에 있는 문제들을 해결하기 위한 서신이었습니다. 바울이 직접 세우지 않은 로마교회에 보낸 서신을 바울서신 가운데 먼저 놓은 것은 로마서가 가장 중요하므로 고려해서 먼저 배치한 것으로 생각됩니다.

로마서는 신학자와 목회자와 많은 성도들로부터 사랑을 받고 있으며 복음을 정확하게 알게 합니다. 복음을 정확하게 모르고 신앙생활하는 사람이 많습니다. 신앙 문제는 복음을 모르는 데서 발생합니다. 로마서는 복음과 믿음과 삶에 대하여 체계적으로 기록되어 있습니다. 그러므로 로마서를 통해 복음을 바르고 정확하게 알게 되면 복음의 기초 위에 신앙을 든든히 세우는 견고한 믿음의 성도가 될 수 있습니다. 초신자들에게는 로마서를 통해 구원의 확신을 가지게 합니다. 오래된 신자들에게는 로마서를 통해 믿음이 더욱 견고하게 됩니다. 이단들이 동서 사방에서 유혹하는 이때 로마서를 통해 견고한 믿음의 사람으로 서게 될 것입니다.

로마서는 영적 회복과 부흥을 일으키며 성숙한 그리스도인이 되게 합니다. 복음은 우리 신앙의 핵심이고 기초입니다. 복음 안에 생명이 있고 사람을 변화시키는 능력이 있습니다.

복음은 오직 예수입니다.
예수는 구원입니다.
구원은 천국입니다.
천국은 영생입니다.

로마서 배경

로마서는 바울이 세 번째 선교 여행 중 아가야 지방의 고린도에서 로마에 있는 기독교인들에게 보내는 편지입니다. 로마서가 기록될 당시의 상황을 보면 당시 로마교회는 디아스포라 유대인들에 의해 세워진 교회로 유대인들이 대다수를 차지하고 있던 유대인 중심 교회였습니다. 그러나 AD 49년 로마 황제 글라우디오는 유대인을 로마에서 추방하라는 명령을 내립니다. 이때 많은 유대인들이 로마를 떠나게 됨에 따라 자연스럽게 로마교회는 유대 기독인 중심에서 이방 기독인 중심으로 옮겨가게 되었습니다. 글라우디오가 죽은 후 로마에서 유대인 추방 명령은 사라졌지만 로마교회는 대다수의 이방 기독교인들과 소수 유대 기독인으로 고착되어 교회를 형성하게 되었습니다. 비록 유대 기독교인들이 로마교회에서 소수를 이루고 있다 할지라도 그들은 어느 정도의 영향력을 행사하고 있었습니다.

이러한 로마교회는 유대 기독교인들과 이방 기독교인들 사이에서 각각 교리적인 문제점을 가지고 있었습니다. 먼저 유대 기독교인들은 율법주의적 신앙관을 고수하고 있었고 이방 기독교인들은 자유주의적 믿음이라는 신앙관을 고수하고 있었습니다. 유대 기독교인들은 비록 예수를 구약에 예언된 메시아로 믿기는 하였으나 여전히 구약 율법을 지켜야만 구원을 얻을 수 있다고 주장하였습니다. 따라서 이방인들이 구원을 얻으려면 율법을 지켜야만 한다는 잘못된 구원관을 가지고 있었습니다.

이와는 대조적으로 이방인 기독인들은 그리스도인의 자유를 지나치게 강조함으로써 참 자유가 아닌 방종적 신앙생활을 하고 있었습니다. 즉, 그들은 그리스도인이 되었음에도 과거의 방탕한 생활습관을 그대로 가지고 있으면서 행위가 아니라 믿음으로 구원을 얻었다는 논리를 펴며 어떤 생활을 해도 문제될 것이 없다고 생각하는 잘못된 구원관을 가지고 있었습니다.

이에 바울은 율법주의적 신앙에 빠진 유대인 성도들에게는 성도가 구원받게 된 것은 율법의 행위가 아니라 오직 값없이 주시는 하나님의 은혜와 죄인을 대신하여 죽으시고 또 부활하신 예수 그리스도를 믿는 믿음으로 말미암은 것임을 설명합니다. 한편 이방인 성도들에게는 행위가 구원의 본질에 영향을 미치는 것은 아니지만 구원받은 성도는 결코 죄 아래 있을 수 없음을 강조하며 성화에 이를 것을 교훈합니다.

바울이 밝힌 바 성도의 성화는 인간의 노력으로 얻어지는 것이 아니라 성령의 전적인 사역을 통해 불의의 무기에서 의의 무기로 죄의 종에서 의의 종으로 변화되는 것을 말합니다. 이와 같이 바울은 로마서를 통해 참된 신앙이 무엇이며 참 믿음은 무엇인가에 대하여 논리적으로 서술하여 믿음과 행위의 문제를 쉽게 서술하고 있습니다.

이러한 배경을 중심으로 기록된 로마서의 전체적인 내용을 살펴보면 로마서의 전반부는 성도가 하나님의 거룩한 의를 얻을 수 있는 유일한 방법은 오직 믿음이라고 강조하며 참된 믿음이 무엇인지를 설명하는 내용으로 구성되어 있습니다.

이어지는 로마서 중반부는 믿음으로 얻는 의의 원리가 실제임을 증명하기 위하여 이스라엘 역사를 설명하며 그들이 하나님께 선택받은 과정과 버림받은 이유에 대하여 설명하는 내용으로 구성되어 있습니다. 마지막으로 로마서의 후반부는 하나님께로부터 의를 얻은 성도들의 의무는 무엇인지에 대하여 설명하는 내용으로 구성되어 있습니다(네비게이션 성경에서).

로마서 내용 요약

Ⅰ. 총론(복음과 성화 1:1~17)

1. 복음=예수=구원=천국=영생(신분 변화 1:2~4)

2. 태도
   1) 예수 그리스도의 종(1:1)

   2) 예수 그리스도의 일꾼(1:1)

   3) 예수 그리스도의 것(1:6)

   4) 하나님의 사랑받은 성도(1:7)

3. 반응
   1) 감사(1:8)

   2) 기도(1:9~10)

   3) 섬김(1:11~13)

   4) 복음의 빚진 자(1:14~15)

   5) 복음자랑(1:16~17)

II. 구원 정의

1. 믿음으로 구원(1:18~5:21)

    1) 이방인의 죄(1:18~32) - 불신자 의미

    2) 유대인의 죄(2:1~29) - 교인 의미

    3) 전 인류의 죄(3:1~31) - 모든 사람 죄인 선포

    4) 아브라함의 믿음(4:1~25) - 하나님께 받은 믿음

    5) 예수님을 믿는 믿음(5:1~21) - 죄 사함 받은 사람의 믿음

2. 성화 구원(6:1~8:39)

    1) 성화(6:1~23) - 십자가와 연합, 부활과 연합되는 세례

    2) 율법(7:1~25) - 법적 해방과 갈등

    3) 성령(8:1~39) - 성령의 인도하심으로 구원을 완성

3. 구원의 역사(9:1~11:36)

    1) 과거구원(9:1~33) - 하나님 주권에 있음

    2) 현재구원(10:1~21) - 선택 자를 찾고 계심

    3) 미래구원(11:1~36) - 이방인 구원과 유대인 구원

III. 구원받은 자의 열매

1. 하나님에 대한 열매(12:1~2)

    1) 예배(12:1~2)

2. 교회에 대한 열매(12:3~13, 14:1~16:27)

    1) 은사대로 봉사(12:3~13)

    2) 형제판단 비판 금지(14:1~23)

    3) 덕, 화합(15:1~33)

    4) 일꾼과 보호자(16:1~27)

3. 세상에 대한 열매(12:14~13:14)

    1) 선으로 악을 이겨라(12:14~21)

    2) 자기 의무를 성실하게 감당하라(13:1~14)

1부

총론
(복음과 성화)

1

로마서 1:1~7

복음과 나

¹예수 그리스도의 종 바울은 사도로 부르심을 받아 하나님의 복음을 위하여 택정함을 입었으니 ²이 복음은 하나님이 선지자들을 통하여 그의 아들에 관하여 성경에 미리 약속하신 것이라 ³그의 아들에 관하여 말하면 육신으로는 다윗의 혈통에서 나셨고 ⁴성결의 영으로는 죽은 자들 가운데서 부활하사 능력으로 하나님의 아들로 선포되셨으니 곧 우리 주 예수 그리스도시니라 ⁵그로 말미암아 우리가 은혜와 사도의 직분을 받아 그의 이름을 위하여 모든 이방인 중에서 믿어 순종하게 하나니 ⁶너희도 그들 중에서 예수 그리스도의 것으로 부르심을 받은 자니라 ⁷로마에서 하나님의 사랑하심을 받고 성도로 부르심을 받은 모든 자에게 하나님 우리 아버지와 주 예수 그리스도로부터 은혜와 평강이 있기를 원하노라

로마서가 기록된 배경을 보면 오순절 마가의 다락방에서 성령 충

만 받은 사람들이 복음 전도하는 중에 복음을 듣고 예수 믿는 유대인들이 로마에 가서 전도하여 세운 교회가 점점 부흥하여 많아지기 시작했습니다. AD 49년 로마 황제 글라우디오가 유대인 추방 명령을 내림으로 유대인들이 로마를 떠나갔고 유대인들이 섬기던 교회는 로마 사람 중에 그리스도인들이 들어가 섬김으로 이방인 중심한 교회가 되었습니다. 여러 해 후 로마 황제 글라우디오가 죽음으로 유대인 추방명령이 해제되었습니다. 그 후 유대인 그리스도인들이 로마에 들어와 세운 교회는 유대인 중심한 교회로 유대인교회라 합니다. 유대인 중심한 교회의 교리는 구약에 예언된 메시아를 구세주로 믿고 할례를 받으며 율법을 행하여야 구원받는다고 주장했습니다. 그리고 이방인교회의 교리는 예수 이름으로 세례를 받은 사람은 죄 사함 받았으므로 영원한 의인됨을 주장하면서 방종한 생활을 하였습니다. 사도 바울은 제3차 전도여행 중(AD 57~58년 추정) 아가야 지방 고린도에서 로마에 있는 그리스도인들에게 보낸 편지입니다. 그 내용은 유대인들에게 할례나 율법이 아닌 오직 예수님을 구세주로 믿는 자에게 구원을 주시는 복음을 설명하고 이방인들에게는 내 죄 값을 대신 치르고 십자가에서 죽으신 복음을 믿고 세례를 받아 구원받은 사람은 죄를 멀리하고 방종한 생활을 청산하고 경건하게 구별되게 살아야 함을 말씀합니다. 1~8장까지는 믿음으로 얻는 의를 말씀하고 9~11장까지는 하나님의 구원사역을 말씀하고 12~16장까지는 믿음으로 의를 얻어 구원받는 자의 신앙윤리를 설명합니다.

1) 복음(2~4절)

본문에서 복음을 정확하게 말씀합니다. 복음이란 구약성경에서 선지자들을 통하여 예언된 아들 예수님이십니다.

"보라 처녀가 잉태하여 아들을 낳을 것이요 그의 이름을 임마누엘이라 하리라" 사 7:14

육신으로는 다윗의 혈통에서 동정녀 마리아를 통하여 나셨고 성결의 영으로는 십자가에서 죽으시고 삼일 만에 죽은 자들 가운데서 부활하사 하나님의 아들로 선포되신 예수 그리스도이십니다. 복음이란 예수이고 구원입니다. 이 세상에서 가장 복된 소식은 지옥 판결 받고 지옥으로 달려가는 사람들이 예수님을 구주로 믿고 구원받아 천국으로 가는 것입니다.

2) 나(1절, 5~7절)

우리 모두는 예수님을 구주로 믿고 구원받은 사람으로서 하나님의 자녀가 되었습니다. 그러므로 직분은 다음과 같습니다.

(1) 예수 그리스도의 종으로(1:1) 예수님 말씀에 복종의 삶을 사는 것입니다. 하나님의 종이 아닌 사람들은 돈이나 명예나 권력이나 정욕이나 사람이나 마귀의 종으로 살고 있습니다.

(2)사도로 부르심을 받은 바울처럼 우리도 하나님의 일꾼으로 (1:1) 부르심을 받았으니 주님의 복음을 위하여 하나님의 교회를 위

하여 사명을 감당하며 살아가는 것입니다.

(3) 하나님의 자녀 된 사람들은 예수님께서 값으로 사셨으니 하나님의 소유입니다. 그리스도의 것이(1:6) 되었습니다.

(4) 이 모든 것의 근원은 예수로 말미암아 그의 은혜로 얻은 하나님의 사랑받는 성도입니다(1:7). 이런 복을 주신 목적은 이 복음을 모든 사람들에게 전하기 위함이라 말씀합니다.

✚   하나님의 사랑하심을 받아 구원받은 사랑하는 성도들에게 하나님 아버지와 주 예수 그리스도의 은혜와 평강이 항상 풍성하시기를 주 예수 그리스도의 이름으로 축복합니다. "아멘"

2

로마서 1:8~17

바울의 마음

⁸먼저 내가 예수 그리스도로 말미암아 너희 모든 사람에 관하여 내 하나님께 감사함은 너희 믿음이 온 세상에 전파됨이로다 ⁹내가 그의 아들의 복음 안에서 내 심령으로 섬기는 하나님이 나의 증인이 되시거니와 항상 내 기도에 쉬지 않고 너희를 말하며 ¹⁰어떻게 하든지 이제 하나님의 뜻 안에서 너희에게로 나아갈 좋은 길 얻기를 구하노라 ¹¹내가 너희 보기를 간절히 원하는 것은 어떤 신령한 은사를 너희에게 나누어 주어 너희를 견고하게 하려 함이니 ¹²이는 곧 내가 너희 가운데서 너희와 나의 믿음으로 말미암아 피차 안위함을 얻으려 함이라 ¹³형제들아 내가 여러 번 너희에게 가고자 한 것을 너희가 모르기를 원하지 아니하노니 이는 너희 중에서도 다른 이방인 중에서와 같이 열매를 맺게 하려 함이로되 지금까지 길이 막혔도다 ¹⁴헬라인이나 야만인이나 지혜 있는 자나 어리석은 자에게 다 내가 빚진 자라 ¹⁵그러므로 나는 할 수 있는 대로 로마에 있는 너희에게도 복음 전하기를 원하노라 ¹⁶내가 복음을 부끄러워하지 아니하

노니 이 복음은 모든 믿는 자에게 구원을 주시는 하나님의 능력이 됨이라 먼저
는 유대인에게요 그리고 헬라인에게로다 ¹⁷복음에는 하나님의 의가 나타나서
믿음으로 믿음에 이르게 하나니 기록된 바 오직 의인은 믿음으로 말미암아 살
리라 함과 같으니라

사람은 누구나 마음에 있는 것을 생각을 통하여 얼굴에서, 말에서
표현됩니다. 그러므로 마음으로 나의 명령을 지키라(잠 3:1) 하셨고
하나님의 말씀을 마음 판에 새기라 그리하면 네가 하나님과 사람 앞
에서 은총과 귀중히 여김을 받으리라(잠 3:3-4) 하셨습니다. 우리 모
두 바울이 마음에 품었던 감사의 마음, 기도의 마음, 형제의 유익을
위한 마음, 복음에 빚진 마음을 품어야 하겠습니다.

1) 감사하는 마음(8절)

우리의 마음에 감사하는 마음이 얼마나 있습니까? 감사하는 마음
이 있다면 무엇 때문에 감사하는 마음을 갖고 있습니까? 사도 바울
은 예수 그리스도로 말미암아 감사하였습니다. 예수님이 나를 위해
하늘에서 이 땅에 오셔서 내 죄 값을 십자가에서 죽으심으로 지불하
시고 삼일 만에 부활하셔서 우리가 새 생명을 얻어 죄의 법에서 해방
되어 하나님의 자녀가 되었으니 마음 깊은 곳에서부터 감사 감격하
는 것입니다. 그리고 바울은 구원의 복음이 온 세상에 전파되고 믿음
의 역사로 구원받는 사람들이 온 세상에 더 많아지고 있음을 바라보
며 감사하였습니다. 우리도 사도 바울처럼 구원에 대한 감사와 구원

받은 형제로 인한 감사가 넘쳐나야 하겠습니다.

2) 쉬지 않는 기도(9~10절)

사도 바울은 기도의 줄을 놓지 않고 끊임없이 기도하고 있음을 고백하고 있습니다. 사무엘 선지자도 기도하기를 쉬는 죄를 결단코 범하지 않았다고 고백했습니다(삼상 12:23). 사도 바울은 그의 아들 예수 안에서 기도하고 있음을 말씀합니다. 이는 예수님을 삶의 주인으로 모시고 사는 삶의 열매일 것입니다. 그리고 예수 믿고 구원받은 형제를 위해 계속 기도하고 있음을 고백하고 있습니다. 그리고 형제들을 찾아가 복음을 전하고 말씀으로 양육하기 위해 나아갈 길을 위해 끊임없이 기도하고 있다고 말씀합니다. 우리 모두 사도 바울처럼 예수 안에서 기도하고 형제들을 위해 기도하고 복음전도의 사명을 위해 끊임없이 기도를 계속해야 하겠습니다.

3) 신앙의 유익(11~13절)

사도 바울은 예수님의 마음을 가지고 자신을 희생시켜서라도 예수 믿고 구원받은 형제들의 신앙의 유익을 위해 생명 바친 일생이었습니다. 바울은 형제들의 신앙을 열매 맺도록 하는 데 목적을 가지고 섬겼습니다. 우리도 자신만을 위한 어린아이의 삶을 넘어 우리 옆에 있는 형제들에게 관심을 가지고 기도하며 견고한 신앙을 가지도록 도우며 위로하고 열매를 맺도록 섬김으로 영원한 승리자가 되어야 하겠습니다.

4) 복음의 빚진 자의 복음자랑(14~17절)

사도 바울은 복음의 빚진 자로서 빚을 갚기 위한 일생을 살았습니다. 누구나 예수님을 구주로 믿고 구원받은 사람은 복음의 빚진 자입니다. 빚을 지고도 빚진 의식이 없이 빚지지 않은 사람처럼 살아가는 우리들의 현실을 회개하여야 합니다. 바울은 "헬라인이나 야만인이나 지혜 있는 자나 어리석은 자에게나 다 내가 빚진 자라 그러므로 할 수 있는 대로 모든 사람에게 빚 갚기를 원한다."하였고 "복음을 부끄러워하지 아니하노니 이 복음은 모든 믿는 자에게 구원을 주시는 하나님의 능력이 됨이라 복음에는 하나님의 의가 나타나서 믿음으로 믿음에 이르게 하나니 오직 의인은 믿음으로 산다." 하였습니다. 우리 주위에 있는 이웃들에게 때를 얻든지 못 얻든지 복음의 빚을 갚는 삶을 살아야 하겠습니다.

✚　　　사도 바울이 품었던 마음들을 품고 늘 감사하며 기도하며 형제의 유익을 위해 섬기고 복음의 빚 갚는 삶으로 날마다 승리하시기를 주 예수님의 이름으로 축복합니다. "아멘"

2부

구원 정의

3

로마서 1:18~25
이방인의 죄와 형벌

[18]하나님의 진노가 불의로 진리를 막는 사람들의 모든 경건하지 않음과 불의에 대하여 하늘로부터 나타나나니 [19]이는 하나님을 알 만한 것이 그들 속에 보임이라 하나님께서 이를 그들에게 보이셨느니라 [20]창세로부터 그의 보이지 아니하는 것들 곧 그의 영원하신 능력과 신성이 그가 만드신 만물에 분명히 보여 알려졌나니 그러므로 그들이 핑계하지 못할지니라 [21]하나님을 알되 하나님을 영화롭게도 아니하며 감사하지도 아니하고 오히려 그 생각이 허망하여지며 미련한 마음이 어두워졌나니 [22]스스로 지혜 있다 하나 어리석게 되어 [23]썩어지지 아니하는 하나님의 영광을 썩어질 사람과 새와 짐승과 기어다니는 동물 모양의 우상으로 바꾸었느니라 [24]그러므로 하나님께서 그들을 마음의 정욕대로 더러움에 내버려 두사 그들의 몸을 서로 욕되게 하게 하셨으니 [25]이는 그들이 하나님의 진리를 거짓 것으로 바꾸어 피조물을 조물주보다 더 경배하고 섬김이라 주는 곧 영원히 찬송할 이시로다 아멘

사람의 죄를 크게 두 가지로 말할 수 있습니다. 첫째는 하나님을 믿지 않는 이방인의 죄이며 둘째는 도덕적(윤리적)인 죄라 할 수 있습니다. 하나님이 아담과 하와를 만드시고 에덴동산에서 생명강수를 마시며 생명과일을 먹으며 고통 없이 영원히 살게 하셨고 자유의지를 주셨습니다. 그리고 선악과를 먹지 말라 먹는 날에는 죽으리라(창 2:17) 말씀하셨으나 아담과 하와는 선악과를 먹음으로(창 3:6) 에덴동산에서 쫓겨났고 저주를 받아 고통 중에 살았습니다. 그러므로 예수님이 이 땅에 의인으로 오셔서 죄인 된 나를 위해 십자가에서 죽으시고 삼일 만에 부활하셨습니다. 우리가 예수님을 구세주로 믿고 세례를 받고 물과 성령으로 거듭난 사람은 죄에 대하여는 죽고 의에 대하여는 영생하는 복을 받은 것입니다.

1) 하나님을 알게 하심(16~20절)

하나님의 진노가 자기 의로 진리 되신 예수님(복음)을 막는 사람들에게 임하신다 하셨습니다. 하나님의 진노는 두 가지로 볼 수 있습니다. 첫째는 영원 지옥 형벌이며 둘째로는 이 세상에서 어떻게 행동하든지 하나님께서 내버려둠을 받는 것입니다. 그러나 하나님은 이 세상 모든 사람들이 하나님의 진노를 받지 않기를 원하십니다. 그러므로 모든 사람들에게 하나님을 믿고 의지하게 하는 신앙심 즉, 영성을 주셨습니다. 그러므로 사람이 살아가는 현장에는 어느 시대를 막론하고 신앙의 흔적이 있습니다. 그러나 동물이 사는 현장에는 신앙의 흔적이 없습니다. 그리고 하나님을 느끼는 영적감성을 주셔서 하나님의 임재와 역사를 느끼고 반응하는 것입니다. 다음은 하나님을 깨달아 아는 지성을 모든 사람들에게 주셨으므로 하나님 앞에 설 때 몰라서 믿지 못하였다고 핑계할 수 없게 하셨습니다.

2) 하나님을 우상으로(21~23절)

이 세상을 살아가는 모든 사람들을 보면 삶에 두 형태가 있습니다. 첫째는 하나님을 하나님으로 섬기며 하나님을 영화롭게 하기 위하여 예배 생활에 성실하고 하나님 말씀을 순종하며 겸손히 하나님과 이웃을 섬기며 하나님께 늘 감사와 찬송과 영광을 돌리며 살아가는 사람들입니다. 둘째는 하나님을 알되 하나님을 영화롭게도 하지 아니하고 감사하지도 아니하며 자신이 하나님이 되고 우상이 되어 살아가는 사람들입니다. 이들은 썩어질 육신의 유익이 된다면 무엇이든지 수용합니다. 이들의 생각이 허망한데 집착하여 그 마음이 이루어졌습니다. 그러므로 스스로 지혜롭다고 생각하며 살아가는 어리석은 사람들입니다. 이들은 하나님도 자기들의 유익을 위한 도구로 사용하려고 합니다. 그러므로 하나님을 우상으로 바꾸는 어리석은 사람들입니다.

3) 방치의 형벌(24~25절)

하나님을 알되 하나님을 영화롭게도 아니하고 감사하지도 아니하고 하나님을 우상으로 만드는 사람들에게 정욕대로 더러움에 빠져 사는 삶을 하나님이 내버려 두신다 하였습니다. 이것이 방치의 형벌입니다. 그러므로 이들은 거리낌 없이 더 많은 죄를 지으며 영원한 멸망의 길을 달려가는 것입니다. 브레이크가 없는 자동차와 같습니다. 언제 전복될지 모릅니다. 하나님이 방치한 사람들은 항상 편안하고 재물이 늘어나므로 더욱 교만해집니다. 그러나 그들은 갑자기 진멸되는 심판을 받습니다(시 73:11,6,19). 영원한 지옥의 형벌을 받을 것입니다. 그러므로 징계가 없으면 사생자요 친아들이 아니라 하였습니다(히 12:8). 사람은 누구나 죽기 전에 고난 중에 회개하고 하나님을 믿고 예수 이름으로 천국에 들어가는 것이 평안하여 회개할 기회를 잃어버리는 사람보다 복 있는 것입니다.

✚　　　하나님이 우리를 간섭하셔서 잘못하면 책망하시고 징계하셔서 하나님을 영화롭게 하며 감사하며 살아가게 하시는 손길이 항상 함께 하시기를 주 예수님의 이름으로 축복합니다. "아멘"

4

---·◆·---

로마서 1:26~32
윤리적인 죄와 방치 형벌

²⁶이 때문에 하나님께서 그들을 부끄러운 욕심에 내버려 두셨으니 곧 그들의 여자들도 순리대로 쓸 것을 바꾸어 역리로 쓰며 ²⁷그와 같이 남자들도 순리대로 여자 쓰기를 버리고 서로 향하여 음욕이 불 일듯 하매 남자가 남자와 더불어 부끄러운 일을 행하여 그들의 그릇됨에 상당한 보응을 그들 자신이 받았느니라 ²⁸또한 그들이 마음에 하나님 두기를 싫어하매 하나님께서 그들을 그 상실한 마음대로 내버려 두사 합당하지 못한 일을 하게 하셨으니 ²⁹곧 모든 불의, 추악, 탐욕, 악의가 가득한 자요 시기, 살인, 분쟁, 사기, 악독이 가득한 자요 수군수군하는 자요 ³⁰비방하는 자요 하나님께서 미워하시는 자요 능욕하는 자요 교만한 자요 자랑하는 자요 악을 도모하는 자요 부모를 거역하는 자요 ³¹우매한 자요 배약하는 자요 무정한 자요 무자비한 자라 ³²그들이 이같은 일을 행하는 자는 사형에 해당한다고 하나님께서 정하심을 알고도 자기들만 행할 뿐 아니라 또한 그런 일을 행하는 자들을 옳다 하느니라

하나님께서 이방인들에게도 각 사람 속에 하나님을 알만한 속성을 주셔서 천지만물을 바라며 하나님의 완전하시고 영원하신 절대적인 능력을 보여주셔서 하나님 앞에 핑계할 수 없게 하셨습니다. 그러나 이방인들은 하나님을 알되 하나님을 영화롭게도 아니하고 하나님께 감사하지도 않고 그 생각이 허망하여 미련한 마음이 되어 스스로 지혜롭다고 여기면서 어리석게 되어 영원하신 하나님을 썩어질 우상으로 바꾸어 불의로 진리를 막는 삶이어서 하나님의 진노가 임하여 영원한 심판을 받는 것입니다. 마음에 하나님이 없는 사람들은 자신이 우상이 되어 죄 된 욕구대로 살아서 윤리적인 죄악을 당연히 여기고 살아가고 있습니다. 이것이 하나님이 내버려두는 방치의 형벌입니다.

1) 성적인 죄와 방치(26~27절)

하나님이 각 사람을 남자와 여자로 만드시고 고귀한 성을 주셔서 부부가 되어 행복을 이루어가며 다음 세대로 이어가게 하는 가정의 성스러움을 주셨습니다. 그러나 마음에 하나님 두기를 싫어하는 사람들이 정욕의 욕심대로 살아가도록 내버려 두신 것이 방치형벌입니다. 성적인 죄는 가정을 파괴하고 육체와 정신과 영혼을 파괴시킵니다. 그러나 하나님을 마음의 주인으로 모시고 살아가는 사람들에게는 성적인 죄의 욕망을 말씀과 기도로 절제하며 하나님의 은혜가 절제하게 하고 이기도록 늘 돕습니다. 하나님이 내 안에 계셔서 거룩한 백성으로 구별되게 살아가게 하십니다. 이것이 하나님의 다스림을 받는 자의 복입니다. 하나님이 내버려 두시는 방치하는 자가 가장 불행한 인생입니다. 징계가 없으면 사생자라 하였습니다.

2) 도덕적인 죄와 방치 형벌(28-31절)

하나님 앞에 합당하지 못한 일로 도덕적인 죄를 짓고 스스로 심판 받도록 내버려둠을 받는 것은 그 마음에 하나님 두기를 싫어하므로 방치의 형벌을 받은 것입니다. 그러므로 이들은 모든 일에 불의를 행하여 더럽고 추악한 죄를 범하며 언제나 탐욕에 따라 행동하여 다른 사람을 해롭게 하는 일에 열심을 냅니다. 이들은 악의가 가득하며 늘 시기와 살인으로 분쟁을 일삼으며 남을 사기치고 악독이 가득하여 수군수군하고 끊임없이 남을 비방합니다. 그리고 진리를 거부합니다. 이들은 하나님이 미워하는 자들로서 약자들을 짓밟으며 능욕합니다. 교만이 머리끝까지 차 있으며 언제나 자신을 자랑하기에 열을 올리고 악을 도모하며 부모를 거역하는 어리석은 자요 하나님의 언약을 저버리고 무정하며 무자비한 자들로 사랑이 없는 자들입니다.

3) 방치형벌 받는 자의 태도(32절)

마음에 하나님 두기를 싫어하고 하나님을 영화롭게도 감사하지도 않으므로 하나님께서 내버려두는 방치의 형벌을 받은 사람들은 하나님도 알고 자신이 행하는 성적인 죄와 도덕적인 죄에 하나님의 심판이 있음을 알고 있습니다. 그러나 그들은 양심의 가책을 무시하고 성적인 죄와 윤리적인 죄를 반복해서 평생 지음으로 죄의식이 마비되어 죄를 짓는 즐거움에 빠져 있습니다. 그리고 자기와 같은 죄를 짓는 사람을 당연하다고 인정하며 격려하며 함께 죄 속에 빠져 가는 것입니다. 하나님은 거룩하신 분입니다. 예수 믿고 구원받은 사람들은 하나님의 거룩하신 속성에 의하여 날마다 성별된 삶으로 경건한 성도의 모습으로 성장합니다. 사도 바울처럼 속에서 올라오는 죄성과 처절한 싸움의 연속일 때 하나님이 승리하게 하십니다(롬 7:19-24). 죄를 묵인하지 말고 싸워 이겨야 합니다.

✚　　죄는 자신도 망하고 다른 사람도 망하게 합니다. 날마다 성령의 충만하심을 받아 불신의 죄와 도덕적인 죄를 이기시는 승리자 되시기를 주 예수님의 이름으로 축복합니다. "아멘"

5

로마서 2:1~5

유대인의 판단하는 죄

¹ 그러므로 남을 판단하는 사람아, 누구를 막론하고 네가 핑계하지 못할 것은 남을 판단하는 것으로 네가 너를 정죄함이니 판단하는 네가 같은 일을 행함이 니라 ² 이런 일을 행하는 자에게 하나님의 심판이 진리대로 되는 줄 우리가 아 노라 ³ 이런 일을 행하는 자를 판단하고도 같은 일을 행하는 사람아, 네가 하 나님의 심판을 피할 줄로 생각하느냐 ⁴ 혹 네가 하나님의 인자하심이 너를 인 도하여 회개하게 하심을 알지 못하여 그의 인자하심과 용납하심과 길이 참으 심이 풍성함을 멸시하느냐 ⁵ 다만 네 고집과 회개하지 아니한 마음을 따라 진 노의 날 곧 하나님의 의로우신 심판이 나타나는 그 날에 임할 진노를 네게 쌓 는도다

유대인들은 하나님의 특별하신 은혜로 유대인으로 태어났습니다. 믿음의 조상 아브라함의 후손으로 태어나 어려서부터 하나님과 하나

님의 말씀을 배우게 하셨고 하나님의 뜻을 따라 소득에 십일조를 드리는 복을 받았고 안식일을 지키는 복을 받았고 기도하는 복을 받았습니다. 그러나 유대인들은 하나님의 은혜임을 알지 못하고 자기가 행하는 주일 성수나 십일조 생활이나 기도생활로 다른 사람을 판단하는 죄를 짓고 정죄하기까지 했습니다. 사람은 누구나 아담의 후손으로 동일하기에 다른 사람을 판단할 수 없습니다. 자기가 자기를 판단하고 바로 서는 것은 좋은 일입니다. 사람을 판달할 수 있는 분은 사람을 만드신 하나님 아버지만이 가능한 일입니다. 같은 사람이 다른 사람을 판단하는 일은 월권이요 범죄입니다.

1) 남을 판단하지 말라(1~3절)

사람은 누구나 사람을 판단할 수 없다고 말씀하십니다. 이유는 같은 사람이기 때문입니다. 같은 일을 하기 때문입니다. 남을 판단하는 사람에게 하나님의 심판이 있다고 말씀하십니다. 남의 잘못을 지적해주는 일은 용기 있는 일이나 사랑으로 하지 아니하면 정죄하는 행위가 됩니다. 사람은 누구나 자기중심적 편견을 가지고 있습니다. 남의 장점을 칭찬하기보다 단점을 비난함으로 자기의 우월성을 드러내게 됩니다. 유대인들은 하나님의 은혜로 특별한 우월성이 있음으로 남을 불쌍히 여기는 것이 아니라 판단하고 정죄하는 죄를 범하였습니다. 우리도 주일을 거룩히 지키는 은혜를 받았습니다. 그러나 주일을 지키지 못하는 사람을 판단하고 정죄하지 말고 불쌍히 여기는 마을 가져야 합니다. 위하여 기도해주고 함께 주일을 지키도록 도와주어야 합니다.

2) 하나님의 인자하심(4절)

하나님은 사랑의 하나님이십니다. 그러므로 인자하신 하나님으로 말씀합니다. 인자함이란 긍휼이 많으시고 친절하시고 자비로우심이란 의미입니다. 하나님은 사랑의 손길로 우리를 영원한 천국으로 인도하십니다. 죄악의 어둠에서 방황하는 인생들을 생명의 길로 인도하시고 어둠을 밝혀주시며 장애물을 제거해주시고 환난과 풍파도 이기게 하십니다. 그러므로 다윗은 고백하기를 "여호와는 나의 목자시니 내가 부족함이 없다." 하였고 "하나님의 푸른 초장으로 쉴만한 물가로 인도하신다." 하였습니다(시 23:1-6). 하나님은 양심을 통하여 말씀하시고 환경을 통하여 깨닫게 하시고 간섭하십니다. 회개하고 돌아오기를 기다리는 하나님이십니다. 그러나 끝까지 하나님의 인자하심을 거부하면 심판이 있습니다.

3) 진노의 날(5절)

진노의 날이란 하나님의 날, 혹은 심판의 날, 그리고 재림의 날이란 의미가 있습니다. 개인적 심판으로 말하면 육신의 장막이 무너지고 하나님 앞에 서는 날입니다. 하나님의 심판 앞으로 인도하심을 받는 사람은 자기 고집을 꺾지 않는 교만한 사람입니다. 회개하지 않는 사람입니다. 자기중심적인 사람으로 자기가 우상 되어 사는 사람입니다. 이들은 하나님이 없는 사람으로 성적인 죄와 도덕적인 죄를 자유롭게 지으며 살아가 진노의 날 하나님의 심판으로 영원한 불 못 지옥에 들어갈 것입니다. 그러나 하나님을 주인으로 모시고 사며 늘 회개하며 하나님의 말씀대로 살아가는 사람들에게는 진노의 날이 아니라 영원한 천국에 들어가는 영광의 날이요 상급을 보상받는 영원한 승리의 날입니다. 이날을 기대하며 기다리며 살아가는 우리가 되어야 합니다.

✚   유대인 같이 판단하고 정죄하는 죄를 짓지 말고 형제의 연약함을 긍휼히 여기며 섬기는 삶으로 영원한 승리자 되시기를 주 예수님의 이름으로 축복합니다. "아멘"

6

로마서 2:6~11

하나님의 공의

⁶하나님께서 각 사람에게 그 행한 대로 보응하시되 ⁷참고 선을 행하여 영광과 존귀와 썩지 아니함을 구하는 자에게는 영생으로 하시고 ⁸오직 당을 지어 진리를 따르지 아니하고 불의를 따르는 자에게는 진노와 분노로 하시리라 ⁹악을 행하는 각 사람의 영에는 환난과 곤고가 있으리니 먼저는 유대인에게요 그리고 헬라인에게며 ¹⁰선을 행하는 각 사람에게는 영광과 존귀와 평강이 있으리니 먼저는 유대인에게요 그리고 헬라인에게라 ¹¹이는 하나님께서 외모로 사람을 취하지 아니하심이라

하나님은 천지만물을 창조하시고 하나님의 형상대로 지음 받은 사람에게 에덴동산에서 생명강수를 마시며 생명과일을 먹으며 영원히 사는 복을 주셨습니다(창 1:1~2:16). 에덴동산의 모든 나무의 열매를 먹을 수 있으나 선악과 열매는 먹지 말라 먹는 날에는 반드시

죽으리라 법을 세우셨습니다(창 2:17). 아담과 하와는 선악과를 먹으므로 고통을 받아 살다가 죽고 영원한 지옥에서 고통을 받게 되었습니다(창 3:1-24). 그러므로 하나님이 지옥에서 고통 받을 사람들을 구원하시기 위해 하나님의 아들 예수님을 이 세상에 보내시고 33년 동안 진리를 선포하게 하시고 십자가에서 의인이 죄인을 위해 대속제물로 죽으시고 죄인들을 구원하시는 하나님이 공의를 세우셨습니다. 하나님은 공의의 하나님이십니다.

1) 하나님의 공정한 심판(6,11절)

하나님은 각 사람이 행한 대로 보응하신다 말씀하셨습니다. 사람은 외모를 보고 판단하지만 하나님은 외모에 따라 심판하지 아니하신다 하셨습니다. 유대인들은 아브라함의 자손으로서 하나님을 섬기며 하나님 말씀 따라 살고 있기에 심판을 받지 않을 것이라 믿었습니다. 심판은 하나님 없이 살아가는 이방인들에게만 있다고 여기고 이방인들을 경멸하였습니다. 그러나 심판은 유대인들이나 이방인들에게 동일하게 있음을 말씀합니다. 사람은 누구나 공정하지 못합니다. 사람은 누구나 허물과 죄로 죽은 사람이기에(엡 2:1) 공정한 판단을 할 수 없습니다. 사람의 판단은 불완전합니다. 그러나 거룩하신 하나님의 판단은 공정하며 공정한 심판이 있습니다. 그러므로 하나님의 심판대 앞에서 이의를 제기할 사람은 한 사람도 없습니다.

2) 선행자의 심판(7,10절)

이 세상의 모든 사람들은 허물과 죄로 죽었으므로(엡 2:1) 의인은 없나니 한 사람도 없으므로(롬 3:10) 이 세상에 선을 행할 사람은 한 사람도 없습니다. 그러므로 모든 사람은 악한자의 심판을 피할 수 없습니다. 그러나 하나님의 영광과 존귀와 썩지 아니함을 구하는 선을 행하는 자가 있으니 이는 예수님을 구세주로 믿고 구원받은 사람입니다. 예수님을 구주로 믿고 구원받은 사람들은 존재의 목표가 이 세상이 아니라 천국입니다. 예수님이 이 세상에 오신 목적이 사람들의 병이나 고쳐주고 의식주 문제를 해결해 주러 오신 것이 아닙니다. 죄인들을 구원하여 천국으로 가게 하는 것입니다. 그러므로 선행이란 하나님의 영광과 존귀와 썩지 아니함을 구하는 것이며 이런 자에게 하나님의 영광과 존귀와 평강을 주시며 영생으로 영원히 보상하시는 심판이 있습니다. 이날은 모든 성도들에게 최고의 날을 기다리는 날입니다.

3) 악행자의 심판(8~9절)

이 세상에게 진리이신 예수의 복음을 따르지 않고 당을 지어 불의를 따르는 사람들은 구원받지 못한 사람들입니다. 이들은 삶의 목표가 이 세상에서 육신의 욕구충족을 위해 끊임없이 당을 지어 불의한 일을 계속하는 것입니다. 이런 자에 대하여 하나님은 진노하시고 분노하셔서 영과 육이 환난과 곤고가 이 세상에서도 있지만 영원한 지옥에서도 계속될 것입니다. 세상에서 악행의 기준은 윤리와 도덕에 기준을 둡니다. 그러나 하나님 앞에 악의 기준은 하나님을 거부하고 예수님을 구주로 믿지 않는 데 있습니다. 사람은 누구나 죄인이기에 악의 속성이 있으므로 악하게 살아가는 것입니다. 그러므로 예수님을 구주로 믿고 하나님을 마음의 주인으로 모시고 성령의 인도하심을 따라 살아갈 때 선행이 이루어집니다.

✚   공의의 하나님 앞에 하나님의 영광과 존귀와 썩지 아니함을 구하는 삶으로 하나님의 영광과 존귀와 평강과 영생의 보상을 풍성히 받으시기를 주 예수님의 이름으로 축복합니다. "아멘"

7

로마서 2:12~16
하나님의 심판 기준

¹²무릇 율법 없이 범죄한 자는 또한 율법 없이 망하고 무릇 율법이 있고 범죄한 자는 율법으로 말미암아 심판을 받으리라 ¹³하나님 앞에서는 율법을 듣는 자가 의인이 아니요 오직 율법을 행하는 자라야 의롭다 하심을 얻으리니 ¹⁴(율법 없는 이방인이 본성으로 율법의 일을 행할 때에는 이 사람은 율법이 없어도 자기가 자기에게 율법이 되나니 ¹⁵이런 이들은 그 양심이 증거가 되어 그 생각들이 서로 혹은 고발하며 혹은 변명하여 그 마음에 새긴 율법의 행위를 나타내느니라) ¹⁶곧 나의 복음에 이른 바와 같이 하나님이 예수 그리스도로 말미암아 사람들의 은밀한 것을 심판하시는 그 날이라

천지만물을 말씀으로 창조하신 하나님께서 특별히 사람을 흙으로 만드시고 생기를 넣어 살아있는 하나님의 형상을 가지고 살게 하셨습니다. 에덴동산을 건설하시고 에덴동산에서 하나님을 아버지로 모

시고 영생복락을 누리게 하시고 모든 것을 먹을 수 있게 하시되 선악을 알게 하는 나무의 열매를 먹지 말라 먹는 날에는 반드시 죽으리라는 법을 주셨습니다. 그러나 뱀의 유혹을 받아 선악을 알게 하는 나무의 열매를 따먹었습니다. 그러므로 하나님의 심판을 받아 육신은 죽어 흙으로 돌아가고 영혼은 지옥에서 고통의 심판을 받는 것입니다. 그러므로 이 세상의 모든 사람들은 심판받을 대상입니다. 그러나 심판에서 면하는 길은 오직 예수님을 구주로 믿는 것입니다.

1) 율법 없는 이방인(2:12상, 14~15)

율법 없는 이방인은 양심에 따라 심판을 받습니다. 하나님의 심판대 앞에서면 양심이 생각하고 마음먹고 말하고 행동한 것에 대하여 고발합니다. 어떤 사람이 입신을 하여 천국에 가서 예수님 앞에 섰는데 TV같은 모니터가 있어서 바라보니 그 화면에 자신들이 세상에서 생각한 것과 마음먹은 것들과 말한 것들과 행동한 것들을 보면서 자기 스스로 왼쪽으로 가는 사람도 있고 오른쪽으로 가는 사람도 있는데 아무 말 없이 알아서 가더랍니다. 하나님 앞에 나는 억울해서 왼쪽으로 못갑니다 하며 떠드는 사람, 떼쓰는 사람이 없다는 사실입니다. 그러므로 심판대 앞에 서기 전에 이 세상에서 철저하게 회개하여야 용서받습니다. 어떤 사람도 양심의 고발 앞에 자유로울 수 없습니다. 양심에 거리낌 없는 심판으로 천국 갈 사람은 한 사람도 없습니다.

2) 율법 있는 유대인(2:12절하, 13절)

유대인으로서 하나님의 말씀을 삶의 기준에 두고 살아가는 사람들은 율법을 지키지 아니함에 대하여 심판을 받습니다. 하나님 앞에서는 율법을 듣는 자가 의인이 아니요 율법을 행하는 자가 의인이라 하셨습니다. 그러나 율법을 행하여 구원받은 사람은 없습니다. 그럼에도 불구하고 율법을 주신 것은 죄를 깨닫게, 알게 하기 위함입니다(롬 3:20). 그러나 유대인들은 율법을 행함으로 구원받으려고 열심히 노력하여 율법 행함을 자랑하며 믿음으로 얻는 은혜의 구원을 거부하므로 구원을 잃어버렸습니다. 그러므로 복음이 이방인에게 들어와 이방인들이 구원받게 되었습니다. 많은 사람들이 주일을 지키거나 십일조를 하거나 성경대로 행동하여야 구원받는다고 생각합니다. 구원은 오직 예수님을 구주로 믿는 사람이 받는 것입니다.

3) 오직 예수 그리스도(16절)

하나님의 심판 기준은 오직 예수 그리스도로 말미암아 은밀한 것을 심판하신다 하셨습니다. 사람은 누구나 아담의 후손으로 모든 사람이 죄인입니다. 그러므로 율법 없는 이방인들의 양심으로 구원받을 수 없기에 양심이 심판이 기준이 되지 못합니다. 그리고 유대인들이 십계명을 다 지키고 이레에 두 번씩 금식을 하여도 자기의 선행으로 구원받지 못합니다. 그러나 의인된 예수님이 십자가에서 죄인 된 나를 위하여 대속제물로 죽으심과 합하여 세례를 받고 부활하신 예수님으로 새 생명을 얻는 것이 구원의 완성을 이루는 심판의 기준입니다. 그러므로 선악과를 따먹은 아담과 하와에게 그리고 그 후손들에게 여자의 후손을 통하여 구원할 것을 약속하셨고(창 3:15) 그 약속을 이루셨습니다(마 1:18).

✚　　하나님의 심판 기준은 예수님을 구주로 영접하여 믿는 데 있습니다. 구원받은 우리 모두 이 복음을 이웃들에게 전도하셔서 함께 구원받기를 주 예수님의 이름으로 축복합니다. "아멘"

8

로마서 2:17~29

유대인들의 위선

¹⁷ 유대인이라 불리는 네가 율법을 의지하며 하나님을 자랑하며 ¹⁸ 율법의 교훈을 받아 하나님의 뜻을 알고 지극히 선한 것을 분간하며 ¹⁹ 맹인의 길을 인도하는 자요 어둠에 있는 자의 빛이요 ²⁰ 율법에 있는 지식과 진리의 모본을 가진 자로서 어리석은 자의 교사요 어린 아이의 선생이라고 스스로 믿으니 ²¹ 그러면 다른 사람을 가르치는 네가 네 자신은 가르치지 아니하느냐 도둑질하지 말라 선포하는 네가 도둑질하느냐 ²² 간음하지 말라 말하는 네가 간음하느냐 우상을 가증히 여기는 네가 신전 물건을 도둑질하느냐 ²³ 율법을 자랑하는 네가 율법을 범함으로 하나님을 욕되게 하느냐 ²⁴ 기록된 바와 같이 하나님의 이름이 너희 때문에 이방인 중에서 모독을 받는도다 ²⁵ 네가 율법을 행하면 할례가 유익하나 만일 율법을 범하면 네 할례는 무할례가 되느니라 ²⁶ 그런즉 무할례자가 율법의 규례를 지키면 그 무할례를 할례와 같이 여길 것이 아니냐 ²⁷ 또한 본래 무할례자가 율법을 온전히 지키면 율법 조문과 할례를 가지고 율법을

범하는 너를 정죄하지 아니하겠느냐 ²⁸ 무릇 표면적 유대인이 유대인이 아니요 표면적 육신의 할례가 할례가 아니니라 ²⁹ 오직 이면적 유대인이 유대인이며 할례는 마음에 할지니 영에 있고 율법 조문에 있지 아니한 것이라 그 칭찬이 사람에게서가 아니요 다만 하나님에게서니라

유대인들의 신앙생활을 보면 사람에게 보이려고 열심을 내었고 많은 사람들에게 존경도 받았으나 하나님께서 유대인들의 위선적 신앙생활을 책망하셨습니다. 특히 우리 민족과 유대 민족성이 유사함이 많이 있음을 봅니다. 옛말에 우리나라 양반은 먹을 것이 없어 물만 마시고도 이쑤시개로 이를 쑤시면서 사람들에게 밥 먹은 것처럼 하면서 밥 먹지 못하는 사람을 무시했습니다. 특히 양반이나 유식한 사람들의 위선이 더 심했습니다. 가식이나 위선이 노출되면 사람들이 싫어합니다. 하나님의 불꽃같은 눈으로 볼 때 위선이나 가식이 숨겨지지 않습니다. 하나님 앞에 세리와 같이 "나는 죄인입니다. 나를 용서해주세요." 하고 나아오는 자는 용서를 받습니다. 위선을 버려야 합니다.

1) 유대인의 모습(17~20절)

유대인이란 이스라엘 민족을 가르치는 호칭입니다. 유대인들은 율법을 의지하며 하나님을 자랑하였습니다. 그리고 율법의 가르침을 받아 하나님의 뜻을 알고 지극히 선한 것을 분별하는 능력이 있었습니다. 유대인들은 맹인들의 길을 인도하는 자로 어둠을 밝히는 빛이

라는 자부심으로 살았습니다. 유대인들은 율법의 지식을 가지고 진리의 모본을 가진 자로서 어리석은 자의 교사요 어린아이의 선생으로 살았습니다. 그러므로 많은 사람들에게 존경받기도 했습니다. 유대인들은 선민임을 자랑하며 다른 민족과 구별된 하나님께 선택된 백성이라는 의식으로 살았습니다. 유대인들은 하나님의 특별한 보호 아래 살았습니다. 이것을 유대인들이 은혜로 알고 겸손하지 않고 교만하게 되었고 이방인들을 무시하는 어리석은 모습으로 살았습니다.

2) 유대인의 이중생활(21~24절)

유대인들은 선민의식과 탁월한 율법교육을 받아 탁월한 지식으로 다른 사람을 열심히 가르쳤으나 자신은 배우지 못하였습니다. 다른 사람들에게 간음하지 말라 가르치면서 자신들은 간음하였습니다. 항상 우상의 제물을 가증이 여기면서 신전의 물건 중 값나가는 물건을 도둑질하여 수입을 얻었습니다. 율법과 하나님을 자랑하면서 하나님의 법을 어기므로 하나님을 욕되게 하여 이방인 중에서 하나님의 이름이 모독을 받았습니다. 유대인들은 겉과 속이 달랐습니다. 말과 행동이 달랐습니다. 종교생활은 잘했으나 신앙생활은 실패했습니다. 하나님의 관심은 겉보다 속에 있습니다. 먼저 믿는 우리들도 유대인들처럼 겉과 속이 다른 이중생활 되지 않도록 해야 주님께 칭찬받습니다.

3) 참된 유대인(25~29절)

유대인들은 할례를 받고 아브라함의 자손이라 자랑하면서 율법을 지키지 아니하니 그 할례가 무슨 의미가 있느냐 말씀합니다. 그리고 할례 받지 아니한 사람이 율법을 지키면 할례 받은 자로 여김을 받을 것이며 할례 받고 율법을 범하는 자들을 정죄해도 할 말이 없다 하였습니다. 그런즉 표면적 유대인이 유대인이 아니요 표면적 육신의 할례가 할례가 아니라 하였고 이면적 유대인이 유대인이며 할례는 마음에 하는 것이고 영에 있고 율법의 조문에 있지 아니한다 하였습니다. 그러므로 칭찬의 기준이 사람에게 있지 아니하고 하나님께 있다 하였습니다. 우리의 신앙생활은 사람에게 보이려고 하는 것이 아니고 하나님에게 보여 인정받아야 되는 것이니 하나님의 뜻을 찾아 하나님이 원하시는 대로 하여 참된 유대인, 참된 그리스도인이 되어야 합니다(롬 12:1-2).

✚   신앙생활의 위선을 버리고 하나님이 기뻐하시는 거룩한 산 제물 되는 영적인 삶으로 하나님께 영광을 돌리시기를 주 예수님의 이름으로 축복합니다. "아멘"

9

• ❖ •

로마서 3:1~9

전 인류는 죄인

¹그런즉 유대인의 나음이 무엇이며 할례의 유익이 무엇이냐 ²범사에 많으니 우선은 그들이 하나님의 말씀을 맡았음이니라 ³어떤 자들이 믿지 아니하였으면 어찌하리요 그 믿지 아니함이 하나님의 미쁘심을 폐하겠느냐 ⁴그럴 수 없느니라 사람은 다 거짓되되 오직 하나님은 참되시다 할지어다 기록된 바 주께서 주의 말씀에 의롭다 함을 얻으시고 판단 받으실 때에 이기려 하심이라 함과 같으니라 ⁵그러나 우리 불의가 하나님의 의를 드러나게 하면 무슨 말 하리요 [내가 사람의 말하는 대로 말하노니] 진노를 내리시는 하나님이 불의하시냐 ⁶결코 그렇지 아니하니라 만일 그러하면 하나님께서 어찌 세상을 심판하시리요 ⁷그러나 나의 거짓말로 하나님의 참되심이 더 풍성하여 그의 영광이 되었다면 어찌 내가 죄인처럼 심판을 받으리요 ⁸또는 그러면 선을 이루기 위하여 악을 행하자 하지 않겠느냐 어떤 이들이 이렇게 비방하여 우리가 이런 말을 한다고 하니 그들은 정죄 받는 것이 마땅하니라 ⁹그러면 어떠하냐 우리는

나으냐 결코 아니라 유대인이나 헬라인이나 다 죄 아래에 있다고 우리가 이미 선언하였느니라

사람은 누구나 자신이 죄인임을 인정하려 하지 않고 감추려고 하며 죄가 드러나기를 두려워하며 죄를 지적받으면 싫어합니다. 많은 사람들은 자신만의 윤리적 기준을 세워 철저하게 도덕적으로 살면서 자신을 의인으로 여기고 다른 사람들의 허물을 밝히 드러내고 정죄하며 증오합니다. 그러나 하나님은 모든 사람에게 말씀하시기를 의인은 없나니 하나도 없다 하셨고 모든 사람이 죄를 범하였다(롬 3:10,23) 하셨습니다. 아담의 후손으로 태어난 모든 인류는 죄의 유전자를 가지고 이 세상에서 살기에 전 인류는 죄인이라고 하나님이 말씀하십니다. 그러므로 자신이 죄인임을 인정하고 회개하며 예수님을 구주로 믿을 때 구원을 받아 영생을 얻습니다. 자신이 죄인임을 인정하지 않을 때 회개가 되지 않고 회개되지 않은 사람은 예수님을 구주로 믿지 못합니다.

1) 거짓된 인생 (1~4절)

로마서 2장에서 유대인의 판단하는 죄와 하나님의 공의와 심판의 기준과 유대인의 위선을 지적받은 유대인들의 반론을 예상하고 유대인들을 향하여 사람은 누구나 거짓된 인생이어서 회개하고 예수님을 구주로 믿을 때 구원받음을 분명하게 말씀하고 있습니다. 유대인들이 아브라함의 자손 됨과 할례를 받음과 하나님의 말씀을 맡음으

로 구원되는 것이 아니고 오직 예수님을 믿음으로 구원됨을 말씀합니다. 많은 사람들이 믿음으로 구원받는 은혜의 복음을 거부하고 유대인들처럼 모태신앙인이 구원되는 것으로 여기거나 오랜 세월 교회에 출석하는 것이 구원되거나 목회자를 돕거나 교회 봉사를 많이 하거나 기도를 많이 하거나 성경을 많이 읽고 알면 구원되는 것으로 여기는 사람이 많습니다.

2) 불의한 인생(5~8절)

사도 바울은 유대인들이 두 번째 예상되는 반론에 대하여 사람은 누구나 하나님 앞에 자기 의로 구원받을 수 없는 불의한 인생이기에 예수님이 대속제물 되심을 믿고 하나님께 나아가야함을 말씀합니다. 유대인들은 율법을 지키는 것이 영생의 조건이 되는 것으로 알고 열심히 철저하게 율법을 지켰습니다. 그러므로 자신들이 구원받는 것은 당연하고 율법을 모르고 살아가는 이방인들은 구원받지 못하는 것이 당연하며 만약 이방인들이 구원받는다면 이는 부당한 것이라고 주장하며 항의합니다. 하나님의 사랑이 죄인들에게 더 있다면 하나님의 사랑을 더 많이 받기 위하여 더 많이 죄를 지어야 하겠다고 조롱하는 괴변자들이 있었습니다. 이런 자들은 정죄받는 것이 마땅하다 말씀합니다.

3) 죄 아래 있는 인생(9절)

(1) 유대인들의 죄성을 보면 할례 받은 증거를 가지고 영생을 보

장받은 신념으로 살면서 남을 판단하고 정죄하면서 교만하여 회개할 줄 모르고 살아갑니다.

(2) 헬라인들의 죄성을 보면 당시 헬라인들이 세계 최고의 철학과 과학과 예술로 앞서가면서 죄악의 발전과 함께 수준 높은 의식을 자랑하며 교만하여 회개할 줄 모르고 방탕과 성적 범죄로 하나님의 심판을 자처했습니다.

(3) 죄 아래 있는 우리 모두는 자기 의를 고집하며 다른 사람보다 자기가 더 나을 것이라 여기며 남을 판단하고 정죄하는 인생입니다. 땅에 살고 있는 아담의 후손은 유대인이나 헬라인이나 우리 모두 동일하게 죄 아래 있는 인생이므로 예수님의 십자가의 보혈로 사죄의 은총을 입어야 하나님 앞에 나아갈 수 있습니다.

✚   죄 아래 있어 심판받을 우리를 사랑하사 독생자를 보내주시고 믿게 하시고 구원해 주신 하나님의 은혜와 복이 풍성하시기를 주 예수님의 이름으로 축복합니다. "아멘"

10

로마서 3:10~20

율법의 목적

¹⁰기록된 바 의인은 없나니 하나도 없으며 ¹¹깨닫는 자도 없고 하나님을 찾는 자도 없고 ¹²다 치우쳐 함께 무익하게 되고 선을 행하는 자는 없나니 하나도 없도다 ¹³그들의 목구멍은 열린 무덤이요 그 혀로는 속임을 일삼으며 그 입술에는 독사의 독이 있고 ¹⁴그 입에는 저주와 악독이 가득하고 ¹⁵그 발은 피 흘리는 데 빠른지라 ¹⁶파멸과 고생이 그 길에 있어 ¹⁷평강의 길을 알지 못하였고 ¹⁸그들의 눈 앞에 하나님을 두려워함이 없느니라 함과 같으니라 ¹⁹우리가 알거니와 무릇 율법이 말하는 바는 율법 아래에 있는 자들에게 말하는 것이니 이는 모든 입을 막고 온 세상으로 하나님의 심판 아래에 있게 하려 함이라 ²⁰그러므로 율법의 행위로 그의 앞에 의롭다 하심을 얻을 육체가 없나니 율법으로는 죄를 깨달음이라

하나님이 우리에게 율법을 주신 목적은 율법을 지켜 구원받으라

고 주신 것이 아닙니다. 율법을 통해서 자신이 죄인임을 깨닫고 회개하고 예수님을 구주로 믿고 구원받으라고 율법을 주신 것입니다. 그러나 유대인들은 율법을 지켜 의인되어 구원받으려고 노력은 했지만 구원의 복음은 거부했습니다. 그러므로 구원의 은혜가 이방인에게 넘어 온 것입니다. 이 세상에 모든 종교는 선한 일을 하여야 구원받는 것으로 신앙화하고 있습니다. 그러나 아무리 선한 일을 하여도 천국 갈 자신이 없어서 방황하는 것입니다. 자신의 양심이 허락하지 않습니다.

1) 의인은 없습니다(10~12절)

이 세상에 의인은 한 사람도 없다고 하나님이 말씀하십니다. 그러므로 하나님을 깨닫지 못하여 하나님을 찾지 않습니다. 모든 사람들이 중심을 잃고 세상에 치우쳐 살아가고 있습니다. 무익한 일생이 되어 선을 행하는 자 없나니 하나도 없다고 말씀합니다. 사람은 누구나 선의 기준이 있는데 그 기준이 각자 다릅니다. 한 사건을 선으로 보는 사람도 있고 악으로 보는 사람도 있습니다. 의인과 악인의 기준은 사람이 아니라 하나님이십니다. 사람의 기준은 완전하지 못하고 불완전하나 하나님의 기준은 완전합니다. 나 자신이 의인 아닌 죄인임을 인정하고 겸손히 하나님 앞으로 나아가 용서를 구해야 합니다.

2) 죄인들의 입(13~14절)

아담으로 태어난 모든 사람들은 죄인입니다. 그러므로 입을 열면 무덤이 됩니다. 생명이 없습니다. 늘 부정적이고 사망을 말합니다. 혀는 거짓말로 남을 속이는 일에 습관화되어 있습니다. 거짓의 아비 마귀의 자녀로 살아가기에 거짓말을 끊임없이 계속하며 살아갑니다. 그리고 죄로 부패된 사람들의 입에는 저주와 악한 독설이 끊임없이 내품어져 많은 사람들을 죽입니다. 예수 믿고 구원받아 하나님의 자녀가 되었으면서도 예수 믿기 전에 마귀의 자녀로 살면서 습관화 되었던 습성에 따라 거짓말이나 악한 말을 하고 나서 후회하며 회개합니다. 혀의 권세로 죽고 산다 하였으니 하나님의 사람들은 언제나 축복을 말해야 합니다.

3) 죄인들의 발(15~17절)

죄인들의 발은 언제나 반역과 계획적으로 살인하는 데 빠르며 파멸과 고생의 길로 달려가면서 평강의 길을 알지 못합니다. 그러므로 죄인들의 발은 영원하신 하나님을 찾아가지 아니하고 눈에 보이는 재물이나 명예나 권력을 향해 달려갑니다. 이들의 마지막은 후회하며 부끄러운 일생을 결산하게 됩니다. 이들이 참 평강의 길을 외면한 결과입니다. 평강의 길, 영원히 승리하는 길인 좁은 길로 나아가는 것입니다. 좁은 문으로 들어가는 사람은 길이 좁고 불편하나 생명의 길이요 영생의 길입니다. 그러나 넓은 문 넓은 길은 가기는 쉬우나 멸망의 길이요 영원한 지옥의 길입니다(마 7:13-14).

4) 죄인들의 마음(18~20절)

　죄인들은 하나님을 두려워하지 않습니다. 하나님을 두려워하지 않는 것은 하나님을 업신여기는 것이며 하나님을 노엽게 하는 것입니다. 하나님을 두려워하지 않고 용감하게 세상을 살아가는 사람들은 자신의 양심이 자신을 고발하며 정죄합니다. 그러므로 심판을 받습니다. 그리고 율법을 지키는 유대인들은 자신의 노력으로 율법을 지켜 구원받으려 하니 자기 의를 세우려고 하나님의 의를 거부하므로 하나님을 업신여기는 죄가 되어 영원한 심판을 받습니다. 이 모든 것의 근원은 마음입니다. 하나님을 두려워하는 마음으로 하나님께 나아가는 자는 하나님의 긍휼하심을 받을 것입니다.

　✝　하나님이 우리에게 율법을 주신 목적에 따라 죄인임을 깨닫고 회개하고 죄 사함 받으며 예수님을 구주로 믿고 구원받기를 주 예수님의 이름으로 축복합니다. "아멘"

11

로마서 3:21~31

믿음으로 얻는 의

²¹이제는 율법 외에 하나님의 한 의가 나타났으니 율법과 선지자들에게 증거를 받은 것이라 ²²곧 예수 그리스도를 믿음으로 말미암아 모든 믿는 자에게 미치는 하나님의 의니 차별이 없느니라 ²³모든 사람이 죄를 범하였으매 하나님의 영광에 이르지 못하더니 ²⁴그리스도 예수 안에 있는 속량으로 말미암아 하나님의 은혜로 값없이 의롭다 하심을 얻은 자 되었느니라 ²⁵이 예수를 하나님이 그의 피로써 믿음으로 말미암는 화목제물로 세우셨으니 이는 하나님께서 길이 참으시는 중에 전에 지은 죄를 간과하심으로 자기의 의로우심을 나타내려 하심이니 ²⁶곧 이 때에 자기의 의로우심을 나타내사 자기도 의로우시며 또한 예수 믿는 자를 의롭다 하려 하심이라 ²⁷그런즉 자랑할 데가 어디냐 있을 수가 없느니라 무슨 법으로냐 행위로냐 아니라 오직 믿음의 법으로니라 ²⁸그러므로 사람이 의롭다 하심을 얻는 것은 율법의 행위에 있지 않고 믿음으로 되는 줄 우리가 인정하노라 ²⁹하나님은 다만 유대인의 하나님이시냐 또한 이방

인의 하나님은 아니시냐 진실로 이방인의 하나님도 되시느니라 ³⁰할례자도 믿음으로 말미암아 또한 무할례자도 믿음으로 말미암아 의롭다 하실 하나님은 한 분이시니라 ³¹그런즉 우리가 믿음으로 말미암아 율법을 파기하느냐 그럴 수 없느니라 도리어 율법을 굳게 세우느니라

하나님이 천지만물을 창조하시고 에덴동산에서 생명강수를 마시며 생명과일을 마음껏 먹게 하시되 동산 중앙에 있는 선악을 알게 하는 나무의 열매는 먹지 말라 먹는 날에는 반드시 죽으리라 하셨습니다. 그러나 하와는 뱀의 유혹을 받아 선악과를 따 먹고 남편에게도 주어 아담도 먹었습니다. 그러므로 아담과 하와는 선악과의 법에 따라 육신은 죽고 영혼은 영원한 지옥으로 가게 되었고 아담의 후손된 모든 인류는 죄인 되어 함께 심판을 받은 것입니다. 심판받은 인류를 구원하기 위해 예수님이 동정녀 마리아를 통해 죄 없는 의인으로 이 세상에 오셔서 33년을 사셨고 십자가에서 속죄 제물로 죽으셨습니다. 누구든지 회개하고 예수님을 구주로 믿으면 죄인이 의인 되어 영생을 얻는 것입니다.

1) 율법 외의 의(21~24절)

하나님께서 범죄한 모든 인생들에게 율법을 주셨습니다. 율법을 주신 것은 율법을 행하여 구원받으라고 주신 것이 아니라 율법을 통하여 죄를 깨닫고 회개하고 예수 믿고 구원받으라함인데 많은 사람들은 율법을 행하여 구원받으려고 합니다. 그러므로 구원의 길을 잃

어버렸습니다. 구원의 길은 율법 외의 길이 있습니다. 하나님께서 율법 외의 길을 선지자들을 통하여 계속 계시하셨습니다. 이는 예수님을 구주로 믿음으로 의인되는 길입니다. 믿는 자는 남녀노소 빈부귀천을 막론하고 차별이 없습니다. 모든 사람이 죄를 범하여서 하나님의 영광에 이를 수가 없습니다. 오직 예수 그리스도 안에 있는 죄 사함을 받음으로 하나님의 은혜로 값없이 의롭다함을 얻는 것입니다.

2) 믿음으로 되는 의(25~28절)

사람이 죄를 지어 하나님과 사람 사이에 죄의 담이 가로막혀 하나님께 나아갈 수 없게 되었습니다. 그러므로 하나님께서 자기 아들을 의인으로 세상에 보내시고 십자가에서 화목제물로 받으시고 하나님의 의로우심을 나타내셨습니다. 하나님이 화목제물로 삼으신 예수님을 구세주로 믿는 자들에게 의인으로 삼으시고 구원해주셔서 하나님의 자녀가 되는 것입니다. 그러므로 구원받음은 전적으로 하나님의 은혜이니 오직 믿음의 법으로 되는 것입니다. 그러므로 구원받음에 대하여 자기 노력을 자랑할 수 없습니다. 오직 하나님의 은혜를 자랑할 뿐입니다. 그러므로 의롭다함을 얻는 것은 율법의 행위에 있지 아니하고 믿음으로 되는 것입니다.

3) 율법을 세우는 의(29~31절)

유대인들은 하나님이 자신들만의 하나님이시고 이방인의 하나님이 아니라고 생각하였습니다. 그러나 하나님은 유대인의 하나님이

시기도 하지만 이방인의 하나님도 되십니다. 그러므로 할례 받은 유대인들도 믿음으로 의롭게 되는 것이며 할례 받지 아니한 이방인들도 믿음으로 말미암아 의롭게 되는 것입니다. 의롭다 하시는 분이 사람이 아니라 하나님이십니다. 믿음으로 의롭게 되는 것은 율법을 파괴하는 것이 아니고 율법을 온전히 세우는 것입니다. 아담과 하와에게 선악과를 먹으면 정녕 죽으리라 하신 법에 따라 선악과를 먹음으로 심판받은 죄인들을 위하여 예수님이 죄 없는 의인으로 오셔서 십자가에서 속죄 제물로 죽으심으로 율법을 완성하는 것입니다(창 2:17,3:6).

✚　　　예수님을 구주로 믿게 하시고 죄인을 의인 삼으셔서 영원한 천국가게 하시는 하나님께 감사하고 믿음으로 의인되는 복음을 전도하시기를 주 예수님의 이름으로 축복합니다. "아멘"

12

로마서 4:1~8
아브라함의 칭의

¹ 그런즉 육신으로 우리 조상인 아브라함이 무엇을 얻었다 하리요 ² 만일 아브라함이 행위로써 의롭다 하심을 받았으면 자랑할 것이 있으려니와 하나님 앞에서는 없느니라 ³ 성경이 무엇을 말하느냐 아브라함이 하나님을 믿으매 그것이 그에게 의로 여겨진 바 되었느니라 ⁴ 일하는 자에게는 그 삯이 은혜로 여겨지지 아니하고 보수로 여겨지거니와 ⁵ 일을 아니할지라도 경건하지 아니한 자를 의롭다 하시는 이를 믿는 자에게는 그의 믿음을 의로 여기시나니 ⁶ 일한 것이 없이 하나님께 의로 여기심을 받는 사람의 복에 대하여 다윗이 말한 바 ⁷ 불법이 사함을 받고 죄가 가리어짐을 받는 사람들은 복이 있고 ⁸ 주께서 그 죄를 인정하지 아니하실 사람은 복이 있도다 함과 같으니라

칭의란 말은 의인으로 일컫습니다. 의인으로 여긴다는 의미입니다. 하나님이 아브라함을 의인이라 인정하시고 의인으로 부르시고

의인의 조상으로 삼으셨습니다. 아브라함이 잘못한 일이 많음에도 믿음의 법으로 의인이 되었습니다. 하나님이 아브라함을 선택하시고 부르시고 말씀하셨습니다. 너는 너의 고향과 친척과 아비 집을 떠나 내가 네게 보여줄 땅으로 가라 내가 너로 큰 민족을 이루고 네게 복을 주어 네 이름을 창대하게 하리니 너는 복이 될지라 너를 축복하는 자에게는 내가 복을 내리고 너를 저주하는 자에게는 내가 저주하리니 땅의 모든 족속이 너로 말미암아 복을 얻을 것이라 하셨습니다. 이에 아브라함이 하나님을 믿고 하나님의 말씀을 따라갔습니다(창 12:1~4). 하나님이 아브라함의 믿음을 보시고 의인으로 인정하셨습니다.

1) 믿음으로 의인되는 원리(1~3절)

아브라함이 선한 행위로 의롭다 함을 얻어 의인되었다면 자랑할 만합니다. 그러나 아브라함도 아담의 후손이기에 의인이 될 수 없습니다. 아브라함이 의인된 것은 아브라함이 하나님을 믿으매 그 믿음을 보시고 하나님께서 의인으로 여겨 주신 것입니다. 오늘 우리 모두 우리의 선한 행위로 의인이 되어 구원받았다면 자랑할 것이 있을 것입니다. 그러나 우리가 죄인이어서 의인은 없나니 하나도 없습니다 (롬 3:10). 우리가 의인된 것은 나를 위해 대속 제물 되신 예수님을 믿음으로 죄 사함을 받고 부활하신 예수님의 생명을 받아 얻은 것입니다. 이 모든 것은 믿음의 법으로 된 원리입니다. 그러므로 예수님을 구주로 믿는 믿음을 주시고 죄인을 의인 삼으시고 하나님의 자녀 삼으신 그 은혜에 감격하며 하나님께 영광을 돌리는 삶을 살아야 합니다.

2) 믿음을 의로 여기심(4~5절)

사도 바울은 믿음을 의로 여기시는 하나님에 대하여 더 구체적으로 설명합니다. 노동현장에서 노동을 한만큼 보수를 받을 때 은혜로 여기지 아니하고, 삯으로 여기는 마음가짐은 당연한 것입니다. 죄인된 우리가 의인되는 것이 어떤 노동이나 이웃을 섬기는 일이나 교회를 위해 봉사나 헌신하는 일이나 성별된 생활이나 경건 생활로 되는 것이 아니라고 말씀합니다. 하나님께서 죄인을 의인으로 여기시는 방법은 천지를 창조하시며 만물의 주인 되시는 하나님으로 믿는 것입니다. 성령님이 선택된 백성을 부르시고 회개하게 하시고 예수 믿게 하시고 천국까지 인도하신다는 것을 믿는 것입니다.

3) 복 받은 사람(6~8절)

사도 바울은 다윗을 통해 복 받은 사람에 대한 말씀으로 이 세상에서 진정한 복이 무엇인지를 말씀하고 있습니다. 이 세상에서 살아가는 많은 사람들은 잠깐 있다가 없어지는 건강이나 재물이나 명예나 권력에 집중하고 이런 것들이 최고의 복으로 여기고 살아가고 있습니다. 그러나 하나님의 사람들은 죄인이 의인되는 것이 참된 최고의 복임을 말씀합니다. 그러므로 불의를 행했으나 용서받아 죄가 가리어지는 것이 복이라 말씀합니다. 죄인이 의인되는 복은 영원한 복이기 때문입니다. 예수님이 이 세상에 오시기 전 사람들은 오실 메시아의 약속을 믿음으로 구원받았으며 예수님이 오신 이후의 사람들은 십자가에서 대속 제물 되시고 삼일 만에 부활의 생명을 주신 예수님을 믿음으로 구원의 복을 받은 것입니다.

✚　　아브라함이 하나님을 믿음으로 칭의 되어 의인된 것처럼 예수님을 구세주로 믿음으로 죄인이 의인되는 복을 받는 은혜가 있으시기를 주 예수님의 이름으로 축복합니다. "아멘"

13

로마서 4:9~16
믿음의 조상 아브라함

⁹ 그런즉 이 복이 할례자에게냐 혹은 무할례자에게도냐 무릇 우리가 말하기를 아브라함에게는 그 믿음이 의로 여겨졌다 하노라 ¹⁰ 그런즉 그것이 어떻게 여겨졌느냐 할례시냐 무할례시냐 할례시가 아니요 무할례시니라 ¹¹ 그가 할례의 표를 받은 것은 무할례시에 믿음으로 된 의를 인친 것이니 이는 무할례자로서 믿는 모든 자의 조상이 되어 그들도 의로 여기심을 얻게 하려 하심이라 ¹² 또한 할례자의 조상이 되었나니 곧 할례 받을 자에게뿐 아니라 우리 조상 아브라함이 무할례시에 가졌던 믿음의 자취를 따르는 자들에게도 그러하니라 ¹³ 아브라함이나 그 후손에게 세상의 상속자가 되리라고 하신 언약은 율법으로 말미암은 것이 아니요 오직 믿음의 의로 말미암은 것이니라 ¹⁴ 만일 율법에 속한 자들이 상속자이면 믿음은 헛것이 되고 약속은 파기되었느니라 ¹⁵ 율법은 진노를 이루게 하나니 율법이 없는 곳에는 범법도 없느니라 ¹⁶ 그러므로 상속자가 되는 것이 은혜에 속하기 위하여 믿음으로 되나니 이는 그 약속을 그 모든 후

손에게 굳게 하려 하심이라 율법에 속한 자에게뿐만 아니라 아브라함의 믿음에 속한 자에게도 그러하ㅣ 아브라함은 우리 모든 사람의 조상이라

사도 바울은 아브라함이 믿음의 조상이 된 것에 대하여 설명합니다. 하나님이 아브라함을 부르시고 믿음을 주시고 그 믿음을 의로 여기셔서 의인 삼으시고 믿음의 조상이 되게 하셨습니다. 누구든지 하나님을 하나님으로 믿고 예수님을 구주로 믿는 사람들에게 믿음의 조상 아브라함의 후손이 되게 하셨습니다. 아브라함의 후손된 믿음의 사람들은 믿음의 조상이 된 것입니다. 우리의 믿음이 하나님의 은혜로 된 것이니 그 은혜에 감사하여 믿음의 선한 영향을 끼쳐 하나님께 영광을 돌려야 합니다. 믿음의 조상답게 살아가야 합니다.

1) 할례로 되지 않는 의(9~12절)

유대인들은 아브라함의 후손으로서 아브라함 때부터 할례를 받아 아브라함의 자손으로 하나님의 사람이라는 증거를 내세우며 살았습니다. 그러므로 할례를 받으면 하나님의 사람이 된 것으로 확신을 가지고 자부심으로 살아왔습니다. 그러나 사도 바울은 할례만 받았다고 의인이 될 수 없고 할례를 받기 전에 하나님의 부르심을 받고 믿음의 사람이 되었으며 그 믿음의 증표로 할례를 받은 것이라 말씀합니다. 이는 오늘날 세례만 받았으니 구원받았다고 세례를 믿음보다 우선하면 안 된다는 말씀입니다. 세례란 믿음의 사람이 된 증표이기 때문입니다. 세례가 우선이 아니라 믿음이 우선입니다. 세례 받았어

도 믿음이 없으면 구원받지 못합니다.

2) 율법으로 되지 않는 의(13~15절)

아브라함과 그 후손에게 상속자가 되는 것은 율법을 행함으로 되는 것이 아니고 하나님을 하나님으로 믿는 믿음으로 상속자가 된다고 사도 바울은 설명합니다. 만약 율법을 행함으로 의인이 될 수 있고 상속자가 될 수 있다면 믿음이 헛것이 됩니다. 그러므로 오직 믿음의 의로 의인된다고 정의합니다. 율법은 진노를 이루게 하는 것이며 죄를 깨닫게 하는 것입니다. 그러므로 율법이 없으면 범법하는 일도 없습니다. 그러나 율법은 신앙과 도덕의 표준입니다. 율법을 통하여 자신을 볼 수 있습니다. 율법이 말하는 의를 행하여 구원받을 의인이 없습니다. 그러므로 의인은 없나니 한 사람도 없다고 성경에서 말씀하고 있습니다(롬 3:10). 예수님을 구세주로 믿고 물과 성령으로 구원받는 사람이 의인이요 영원한 구원받은 자가 됩니다.

3) 상속자가 되는 의(16절)

영원한 상속자가 되는 원리가 율법을 행하거나 할례를 받아야 된다면 은혜가 아니라고 사도 바울은 설명합니다. 만약 자기의 노력으로 의인되고 구원받아 영원한 상속자가 된다면 이는 자랑할 것이 있을 것입니다. 그러나 의인되어 영원한 상속자가 되는 원리가 나의 노력이 아닌 전적인 하나님의 은혜로 믿음을 가지게 되고 의인되어 영원한 상속자가 되는 것이니 오직 하나님께 감사와 찬송을 드리며 그 은혜를 보답하기 위한 삶으로 일평생 살아가는 것입니다. 할례를 받았는지 안 받았는지, 율법을 행하였는지 행하지 않았는지로는 의인의 기준이 될 수 없습니다. 오직 믿음으로 의인되고 영원한 상속자가 되는 것입니다. 아브라함이 믿음으로 의인되어 믿음의 조상이 된 것처럼 예수 믿고 구원받은 우리 모두 믿음의 조상이 된 것입니다. 믿음의 조상으로 선한 영향력을 끼쳐야 하겠습니다.

✚ 　　우리는 믿음의 조상 아브라함의 후손으로 믿음의 조상이 되었으니 우리 후손들에게 존경받는 믿음의 조상이 되시기를 주 예수님의 이름으로 축복합니다. "아멘"

14

로마서 4:17~25
아브라함과 나의 믿음

17 기록된 바 내가 너를 많은 민족의 조상으로 세웠다 하심과 같으니 그가 믿은 바 하나님은 죽은 자를 살리시며 없는 것을 있는 것으로 부르시는 이시니라 **18** 아브라함이 바랄 수 없는 중에 바라고 믿었으니 이는 네 후손이 이같으리라 하신 말씀대로 많은 민족의 조상이 되게 하려 하심이라 **19** 그가 백 세나 되어 자기 몸이 죽은 것 같고 사라의 태가 죽은 것 같음을 알고도 믿음이 약하여지지 아니하고 **20** 믿음이 없어 하나님의 약속을 의심하지 않고 믿음으로 견고하여져서 하나님께 영광을 돌리며 **21** 약속하신 그것을 또한 능히 이루실 줄을 확신하였으니 **22** 그러므로 그것이 그에게 의로 여겨졌느니라 **23** 그에게 의로 여겨졌다 기록된 것은 아브라함만 위한 것이 아니요 **24** 의로 여기심을 받을 우리도 위함이니 곧 예수 우리 주를 죽은 자 가운데서 살리신 이를 믿는 자니라 **25** 예수는 우리가 범죄한 것 때문에 내줌이 되고 또한 우리를 의롭다 하시기 위하여 살아나셨느니라

하나님께서 아브라함의 믿음을 의로 여기셔서 믿음의 조상이 된 것처럼 나의 믿음을 하나님이 의로 여기셔서 나도(우리도) 믿음의 조상이 되었습니다. 아브라함이 하나님의 말씀을 듣고 말씀하시는 하나님을 믿고 고향과 친척을 떠난 것처럼 우리도 하나님의 말씀을 듣고 말씀하시는 하나님을 믿고 즉시 실천하는 삶을 살아드려야 하겠습니다. 아브라함이 나이가 많아 자녀를 낳을 가능성이 현실적으로 불가능했고 부인 사라도 자식을 낳을 기능이 없었음을 알고도 자식을 주시겠다는 하나님의 약속을 믿는 믿음을 잃어버리지 아니하여 아들을 낳은 것처럼 우리도 환경을 초월하는 믿음으로 받은 증거를 많이 가져 간증하는 기적들이 있어야 하겠습니다.

1) 하나님의 주권(17절)

아브라함이 믿음으로 믿음의 조상이 된 것은 아브라함의 의지나 노력으로 된 것이 아니라 하나님의 주권에 의해 된 것입니다. 전능하신 하나님이 아브라함을 부르시고 하나님을 믿게 하시고 순종하게 하셔서 아브라함이 믿음의 조상이 되었습니다. 그러므로 아브라함이 믿음의 조상이 된 것을 자랑할 수 없는 것입니다. 오직 하나님의 은혜로 된 것이니 하나님께 감사와 찬송과 영광을 돌리는 것입니다. 우리도 예수 믿고 구원받아 하나님의 자녀가 되어 하나님을 섬기는 것은 내 의지와 선택과 노력으로 된 것이 아닙니다. 하나님의 의지로 하나님의 은혜로 된 것이니 우리가 자랑할 것이 없습니다. 오직 하나님의 은혜에 감사하고 영광을 돌려 드리고 하나님의 은혜에 빚진 자로서 하나님의 사랑을 간증하는 것입니다.

2) 아브라함의 모범된 믿음(18~22절)

아브라함의 믿음의 조상으로서 모범된 믿음을 우리가 볼 수 있습니다. 아브라함은 바랄 수 없는 환경에서 믿음으로 바라보고 믿음의 열매를 남겨 산 증인이 되었습니다. 아브라함은 구십구 세가 되어 자기 몸이 죽은 것 같고 사라의 태가 죽었음을 알고도 믿음이 약하여지지 아니하고 믿음이 없어 하나님의 약속을 의심하지 않고 믿음이 견고하여져서 하나님을 기쁘시게 하였습니다. 하나님이 약속하신 것을 반드시 이루실 줄을 확신하였습니다. 이것이 의로 여겨진 것입니다. 우리도 성경에 약속된 말씀을 믿고 환경을 초월하는 믿음으로 하나님을 기쁘시게 해야 합니다. 믿음이 적으면 믿음을 구하여 믿음으로 승리하고 모범된 믿음을 우리 후손들에게 남겨주고 우리들의 후대가 모범된 믿음을 계승하도록 해야 합니다.

3) 나의 믿음(23~25절)

아브라함의 믿음이 아브라함에게만 해당되고 끝난 것이 아닙니다. 예수님을 구세주로 믿는 믿음으로 우리도 의로 여겨짐이 되어 믿음의 조상이 되었으며 구원받은 하나님의 자녀가 된 것입니다. 예수님이 십자가에서 나를 위해 죽으심과 나를 위해 살아나신 것을 믿는 것입니다. 예수님은 내가 범죄하여 마귀의 자녀로 살아가며 지옥의 심판을 받는 나를 위해 하나님이 사람의 몸을 입고 의인으로 오셔서 십자가에서 대속 제물로 죽으셨습니다. 그리고 예수님을 통하여 모든 죄를 용서해주셨습니다. 그러므로 죄인을 의인으로 인친 것입니다. 예수님이 죽은 지 삼일 만에 살아나셨습니다. 우리도 예수님의 부활된 생명을 받아 영원히 살았습니다. 영원한 천국의 사람이 되어 영생복락을 누릴 것입니다.

✚　　아브라함의 믿음이 나의 믿음 되어 믿음의 조상이 되고 우리의 후손들의 믿음이 계승되어 자손 천대가 복을 받기를 주 예수님의 이름으로 축복합니다. "아멘"

15

로마서 5:1~8
예수 믿음으로 하나님과 화평

¹그러므로 우리가 믿음으로 의롭다 하심을 받았으니 우리 주 예수 그리스도로 말미암아 하나님과 화평을 누리자 ²또한 그로 말미암아 우리가 믿음으로 서 있는 이 은혜에 들어감을 얻었으며 하나님의 영광을 바라고 즐거워하느니라 ³다만 이뿐 아니라 우리가 환난 중에도 즐거워하나니 이는 환난은 인내를, ⁴인내는 연단을, 연단은 소망을 이루는 줄 앎이로다 ⁵소망이 우리를 부끄럽게 하지 아니함은 우리에게 주신 성령으로 말미암아 하나님의 사랑이 우리 마음에 부은 바 됨이니 ⁶우리가 아직 연약할 때에 기약대로 그리스도께서 경건하지 않은 자를 위하여 죽으셨도다 ⁷의인을 위하여 죽는 자가 쉽지 않고 선인을 위하여 용감히 죽는 자가 혹 있거니와 ⁸우리가 아직 죄인 되었을 때에 그리스도께서 우리를 위하여 죽으심으로 하나님께서 우리에 대한 자기의 사랑을 확증하셨느니라

로마서 4장은 아브라함이 하나님을 믿으매 이를 의로 여기셔서 믿음의 조상이 되었음을 말씀합니다. 로마서 5장은 예수님을 구주로 믿으면 죄 사함 받고 구원받아 하나님과 화평이 이루어짐을 설명하는 말씀이라 할 수 있습니다. 아담의 후손은 누구나 죄인으로 태어나 하나님과 원수 되어 살며 마귀의 지배를 받아 영원히 멸망받을 길로 나아가고 있습니다. 그러므로 하나님이 우리를 구원하기 위해 하나님의 아들이 의인으로 이 땅에 오셔서 십자가에서 대속제물로 죽으셨습니다. 사람은 누구나 자기의 의로운 행위로 구원받을 수 없기에 예수님을 구세주로 영접하여 믿게 하고 구원하셔서 하나님의 자녀가 되어 하나님과 화평을 이루어 살게 하셨습니다.

1) 칭의의 결과로 화평(1~2절)

우리의 선한행위나 종교생활이나 경건생활로 의롭다함을 받은 것이 아니라 예수님을 구세주로 믿음으로 구원을 받고 의롭다 여김을 받는 것입니다. 그러므로 하나님과 원수 되었던 죄의 담이 무너지고 하나님과 화평을 이루어 하나님을 아바아버지라 부를 수 있는 자격으로 양자된 것입니다. 우리가 예수님을 구세주로 믿게 된 믿음이 나의 지혜나 판단력이나 결단의 공로로 된 것이 아니고 하나님의 특별한 은혜로 된 것입니다. 하나님의 은혜로 예수 믿고 구원받은 사람들은 그 은혜에 감격하며 하나님의 영광을 바라보고 즐거워하며 하나님의 영광을 위하여 일생을 헌신하되 자원하여 하는 것입니다. 하나님은 이런 헌신을 기뻐 받으십니다.

2) 화평을 이룬 자의 삶(3~5절)

하나님의 영광을 바라보고 살아가는 성도들의 삶에서 여러 가지 환난이 있습니다. 그러나 어떤 환난이 찾아와도 절망하지 않고 믿음으로 참고 견디며 인내합니다. 그리고 즐거워하며 감사하며 살아갑니다. 하나님의 자녀들은 환난 중에도 인내하므로 연단된 성숙한 신앙의 인격을 형성하게 됩니다. 환난 중에 인내하여 연단된 성도들은 하나님의 위로로 새 힘을 얻으며 천국의 소망이 점점 더 커가는 것입니다. 영원한 소망이 있기에 환난 중에도 즐거워하며 살아가는 그리스도인들은 영원한 영광 가운데 예수님을 맞이하므로 부끄러움을 당하지 않습니다. 이는 성령님께서 하나님의 사랑을 성도들에게 부어주어 위로는 하나님을 사랑하고 아래로는 이웃을 사랑하며 살아가는 것입니다.

3) 하나님의 사랑(6~8절)

아담의 자손 된 모든 사람들은 허물과 죄로 죽었습니다(엡 2:1). 허물과 죄로 죽어 영원한 지옥의 판결을 받은 우리를 위해 예수님이 십자가에서 속죄 제물 되신 것입니다. 그러므로 우리가 구원받아 하나님의 자녀가 되었습니다. 이는 하나님이 나를 이처럼 사랑하신 증거입니다. 하나님은 나 같은 죄인을 구원하기 위해 독생자 예수님을 십자가에서 죽이셨습니다. 예수님을 구세주로 믿게 하시고 하나님의 자녀 되게 하셨습니다. 그러므로 영원한 생명을 받았고 영원한 천국을 얻게 하셨습니다. 하나님의 그 크신 사랑을 깨닫고 느끼는 만큼 주님을 위해 헌신하며 일생을 주님께 기꺼이 드리는 것입니다. 나 같은 죄인 살리신 주님의 은혜로 감격하며 몸과 마음과 생명을 드리는 것입니다.

✚   예수님이 나 같은 죄인을 위해 십자가에서 대속 제물이 되어 영원한 생명을 주신 그 큰 사랑에 감격하여 일생을 주님께 드리는 삶이 되시기를 주 예수님의 이름으로 축복합니다. "아멘"

16

로마서 5:12~21

한 사람의 영향력

¹²그러므로 한 사람으로 말미암아 죄가 세상에 들어오고 죄로 말미암아 사망이 들어왔나니 이와 같이 모든 사람이 죄를 지었으므로 사망이 모든 사람에게 이르렀느니라 ¹³죄가 율법 있기 전에도 세상에 있었으나 율법이 없었을 때에는 죄를 죄로 여기지 아니하였느니라 ¹⁴그러나 아담으로부터 모세까지 아담의 범죄와 같은 죄를 짓지 아니한 자들까지도 사망이 왕 노릇 하였나니 아담은 오실 자의 모형이라 ¹⁵그러나 이 은사는 그 범죄와 같지 아니하니 곧 한 사람의 범죄를 인하여 많은 사람이 죽었은즉 더욱 하나님의 은혜와 또한 한 사람 예수 그리스도의 은혜로 말미암은 선물은 많은 사람에게 넘쳤느니라 ¹⁶또 이 선물은 범죄한 한 사람으로 말미암은 것과 같지 아니하니 심판은 한 사람으로 말미암아 정죄에 이르렀으나 은사는 많은 범죄로 말미암아 의롭다 하심에 이름이니라 ¹⁷한 사람의 범죄로 말미암아 사망이 그 한 사람을 통하여 왕 노릇 하였은즉 더욱 은혜와 의의 선물을 넘치게 받는 자들은 한 분 예수 그리스도

를 통하여 생명 안에서 왕 노릇 하리로다 ¹⁸ 그런즉 한 범죄로 많은 사람이 정죄에 이른 것 같이 한 의로운 행위로 말미암아 많은 사람이 의롭다 하심을 받아 생명에 이르렀느니라 ¹⁹ 한 사람이 순종하지 아니함으로 많은 사람이 죄인된 것 같이 한 사람이 순종하심으로 많은 사람이 의인이 되리라 ²⁰ 율법이 들어온 것은 범죄를 더하게 하려 함이라 그러나 죄가 더한 곳에 은혜가 더욱 넘쳤나니 ²¹ 이는 죄가 사망 안에서 왕 노릇 한 것 같이 은혜도 또한 의로 말미암아 왕 노릇 하여 우리 주 예수 그리스도로 말미암아 영생에 이르게 하려 함이라

아담 한 사람으로 말미암아 죄가 들어오고 모든 사람이 죽었습니다. 그러나 예수 한 사람으로 말미암아 모든 사람이 죽음에서 생명을 얻어 살게 되었습니다. 그러므로 본문은 아담과 예수님을 비교하여 아담의 영향력과 예수님의 영향력을 말씀하고 있습니다. 뉴스를 보면 한 사람의 선한 영향력으로 여러 사람들의 필요를 공급하기도 하고 위로가 되기도 하고 힘이 되며 기쁨을 주기도 합니다. 그러나 한 사람의 악한 영향력으로 많은 사람들을 불안하게도 하고 근심하게도 하며 고통을 받게도 하며 죽게도 합니다. 나는 어떤 영향력을 지금까지 끼치며 살아왔는지 점검해보아야 합니다. 선한 영향력이었는지 악한 영향력이었는지 살피고 선한 영향력을 많이 끼치도록 힘써야 하겠습니다.

1) 아담 한 사람(12~14절)

아담은 모든 인류의 조상입니다. 하나님이 직접 손으로 흙을 빚어

자신의 형상대로 아담을 만드시고 하나님의 생기 하나님의 영을 넣어주심으로 살아있는 사람이 되었습니다. 그리고 돕는 배필 하와를 만들어 주셨습니다. 그리고 에덴동산을 만드시고 생명강수를 마시며 생명과일을 마음껏 먹고 살게 하셨습니다. 그러나 에덴동산 중앙에 있는 선악을 알게 하는 나무의 열매를 먹지 말라 먹는 날에는 반드시 죽으리라 말씀하셨습니다. 하지만 뱀의 유혹을 받은 하와가 선악을 알게 하는 나무의 열매를 따먹고 아담에게 주어 아담이 받아먹었습니다. 그러므로 에덴동산에서 쫓겨났고 고통 속에 살다 죽었으며 아담의 자손 모두가 죄인 되어 고통 속에 살다가 죽는 것이며 영원한 지옥으로 가게 되었습니다.

2) 예수 한 사람(15~18절)

예수님은 하나님의 아들로 하늘의 영광스러운 자리에서 낮고 천한 이 세상에 오셔서 33년을 사셨습니다. 예수님은 동정녀 마리아에게서 의인으로 태어나셨습니다. 예수님을 죽이려는 헤롯왕으로 인해 애굽으로 피난 가셨다가 헤롯이 죽은 후 나사렛에 오셔서 성장하셨습니다. 30세 되던 해 공생애를 시작하셔서 3년 동안 천국복음을 전파하시고 치유하시고 귀신을 쫓아내시며 사람들의 필요를 채워주셨습니다. 그러나 예수님은 모함을 받아 십자가에서 죄인들을 위해 대속 제물로 죽으셨습니다. 그러므로 누구든 하나님께 나아와 지은 죄를 회개하고 예수님을 구주로 믿으면 모든 죄가 용서받고 하나님의 자녀가 됩니다. 의인으로 오셔서 죄인들 위해 죽으신 예수 한 사람으로 말미암아 모든 사람이 사망에서 생명을 얻게 되었습니다.

3) 나 한 사람(19~21절)

나 한 사람이 예수 믿고 구원받아 하나님의 자녀로 살아갑니다. 그로 인해 끼쳐온 영향력을 살펴보시기 바랍니다. 만약 내가 예수 믿지 않고 세상에서 수십 년을 살아왔다면 어떤 영향력을 끼쳤을까요? 상상해 보시기 바랍니다. 저는 예수 믿지 않는 가정에서 태어나서 어려서 전도 받고 은혜 받아 하나님의 은혜로 성장하여 71년도에 목회를 시작했고 부흥회 인도도 시작했습니다. 일찍 부름 받아 복음을 전하는 삶을 한평생 살고 있습니다. 많은 사람들에게 복음을 전도하였는데 그때그때마다 많은 사람이 말씀을 받고 은혜의 열매를 맺고 있습니다. 모두가 하나님의 은혜임을 고백합니다. 나 한 사람의 중요성을 재인식하고 우리의 삶에서 선한 영향력을 더 많이 더 크게 끼치는 아름다운 삶을 살아야 합니다.

✚　　나 한 사람의 선한 영향력으로 많은 사람의 생명을 살리는 일에 더 많이 더 크게 쓰임받기를 주 예수님의 이름으로 축복합니다. "아멘"

17

로마서 6:1~11

성화의 원리

¹ 그런즉 우리가 무슨 말을 하리요 은혜를 더하게 하려고 죄에 거하겠느냐 ² 그 럴 수 없느니라 죄에 대하여 죽은 우리가 어찌 그 가운데 더 살리요 ³ 무릇 그 리스도 예수와 합하여 세례를 받은 우리는 그의 죽으심과 합하여 세례를 받은 줄을 알지 못하느냐 ⁴ 그러므로 우리가 그의 죽으심과 합하여 세례를 받음으로 그와 함께 장사되었나니 이는 아버지의 영광으로 말미암아 그리스도를 죽은 자 가운데서 살리심과 같이 우리로 또한 새 생명 가운데서 행하게 하려 함이 라 ⁵ 만일 우리가 그의 죽으심과 같은 모양으로 연합한 자가 되었으면 또한 그 의 부활과 같은 모양으로 연합한 자도 되리라 ⁶ 우리가 알거니와 우리의 옛 사 람이 예수와 함께 십자가에 못 박힌 것은 죄의 몸이 죽어 다시는 우리가 죄에 게 종 노릇 하지 아니하려 함이니 ⁷ 이는 죽은 자가 죄에서 벗어나 의롭다 하심 을 얻었음이라 ⁸ 만일 우리가 그리스도와 함께 죽었으면 또한 그와 함께 살 줄 을 믿노니 ⁹ 이는 그리스도께서 죽은 자 가운데서 살아나셨으매 다시 죽지 아

니하시고 사망이 다시 그를 주장하지 못할 줄을 앎이로라 ¹⁰ 그가 죽으심은 죄에 대하여 단번에 죽으심이요 그가 살아 계심은 하나님께 대하여 살아 계심이니 ¹¹ 이와 같이 너희도 너희 자신을 죄에 대하여는 죽은 자요 그리스도 예수 안에서 하나님께 대하여는 살아 있는 자로 여길지어다

예수 믿고 구원 받은 사람은 하나님의 사람으로 성화의 삶으로 나아가는 것입니다. 이를 영적 성장이라 합니다. 하나님의 사람으로 온전하게 되어져가는 과정에 있는 것입니다. 어떤 아이는 나이에 비해 키가 작은 아이가 있고 키가 큰 아이가 있으며 어떤 아이는 성장이 멈춘 경우도 있는데 이는 성장의 때가 지난 것입니다. 그러나 영적성장은 성장의 때가 천국 갈 때까지 계속되는 것이므로 계속 자라가야 합니다. 오늘 우리는 신앙의 성숙도가 높은 사람도 있고 낮은 사람도 있습니다. 우리의 신앙성장의 성화가 각기 다른 내가 예수 믿고 구원 받은 시기에 비해 제대로 성장하여 성화되어가고 있는지 살펴보시기 바랍니다.

1) 세례와 중생(1~3절)

본문 1,2절 말씀은 로마서 5장 20하반절에 죄가 더한 곳에 은혜가 더욱 넘쳤다는 말씀을 곡해하는 사람들을 생각하며 은혜가 더하려고 죄에 거할 수 없으니 이는 죄에 대하여 죽은 우리가 어찌 죄 가운데 살겠느냐 반문하며 설명하는 말씀입니다. 예수님이 나의 죄를 대신하여 대속물로 십자가에서 죽으심을 믿고 회개하고 예수님을 구세주

로 영접하여 세례를 받는 세례란 물에 잠긴다, 물로 씻는다, 은혜에 잠기다, 성령으로 충만하다의 의미입니다. 예수님의 죽으심으로 세례를 받은 것은 예수님과 함께 죽은 것입니다. 그러므로 예수님의 죽으심에 연합한 사람은 예수님과 함께 죄는 장사된 것입니다. 그러므로 세례 받은 사람은 하나님의 자녀로 거듭난 것이며 중생한 것입니다. 하나님의 사람으로 구별된 사람이 된 것 입니다.

2) 죽음과 부활(4~7절)

우리가 예수님의 죽으심과 합하여 세례를 받은 사람은 예수님과 함께 장사된 것이며 이는 예수님의 부활과 함께 살리심을 받아 새 생명 가운데 사는 성화의 삶으로 이루어져가는 것입니다. 예수님의 죽으심과 연합한 사람은 예수님의 부활과도 연합된 것입니다. 우리의 옛 사람이 예수님과 함께 십자가에 못 박힌 것은 죄의 몸이 죽어 다시는 죄의 종노릇하지 아니하고 죄에서 벗어나 거룩한 삶으로 의롭다 하심을 얻어가는 것입니다. 예수님이 나를 위해 십자가에서 죽으심을 믿고 세례를 받은 사람은 예수님의 부활하심의 새 생명을 얻은 것이니 영생합니다. 그러므로 십자가의 죽음은 옛사람과 불신앙과 죄의 종노릇에서 죽은 것이며 예수님의 부활과 함께 새로운 사람으로 하나님의 거룩한 백성으로 성화되어져가는 것입니다.

3) 예수님과 함께(8~11절)

예수님과 함께 죽었다는 것은 예수님과 연합되었다는 말씀입니다. 예수님은 죽었다가 살아나셨고 다시 죽지 않으셨습니다. 그러므로 다시는 사망이 예수님을 주장하지 못하였고 죄와 사망에서 우리를 해방시키신 것입니다. 예수님의 죽으심은 죄에 대하여 단번에 죽으심이요 하나님에 대하여는 살아있는 것입니다. 예수님의 죽으심은 완전하신 재물로 단번에 드리심이요 예수님의 살아나심은 부활의 첫 열매로 예수님과 영원히 함께 사는 것입니다. 예수님과 함께 죽고 사는 것은 영적 변화이며 하나님의 복이 영원한 계획 속에 살아 역사하는 것입니다. 나를 향한 하나님의 선한 목적이 성령의 역사로 우리 안에서 소원을 두고 이루어 가는 것입니다. 우리 모두 경건한 삶으로 예수님과 함께 날마다 성화되어져가는 은혜의 삶으로 나아가는 것입니다.

✚   우리 모두 예수 믿고 구원받아 하나님의 자녀가 되었으니 하나님의 거룩하심을 날마다 닮아가는 성화의 삶으로 풍성한 열매 있기를 주 예수님의 이름으로 축복합니다. "아멘"

18

로마서 6:12~23

성화의 내용

¹²그러므로 너희는 죄가 너희 죽을 몸을 지배하지 못하게 하여 몸의 사욕에 순종하지 말고 ¹³또한 너희 지체를 불의의 무기로 죄에게 내주지 말고 오직 너희 자신을 죽은 자 가운데서 다시 살아난 자 같이 하나님께 드리며 너희 지체를 의의 무기로 하나님께 드리라 ¹⁴죄가 너희를 주장하지 못하리니 이는 너희가 법 아래에 있지 아니하고 은혜 아래에 있음이라 ¹⁵그런즉 어찌하리요 우리가 법 아래에 있지 아니하고 은혜 아래에 있으니 죄를 지으리요 그럴 수 없느니라 ¹⁶너희 자신을 종으로 내주어 누구에게 순종하든지 그 순종함을 받는 자의 종이 되는 줄을 너희가 알지 못하느냐 혹은 죄의 종으로 사망에 이르고 혹은 순종의 종으로 의에 이르느니라 ¹⁷하나님께 감사하리로다 너희가 본래 죄의 종이더니 너희에게 전하여 준 바 교훈의 본을 마음으로 순종하여 ¹⁸죄로부터 해방되어 의에게 종이 되었느니라 ¹⁹너희 육신이 연약하므로 내가 사람의 예대로 말하노니 전에 너희가 너희 지체를 부정과 불법에 내주어 불법에 이른

것 같이 이제는 너희 지체를 의에게 종으로 내주어 거룩함에 이르라 ²⁰ 너희가
죄의 종이 되었을 때에는 의에 대하여 자유로웠느니라 ²¹ 너희가 그 때에 무슨
열매를 얻었느냐 이제는 너희가 그 일을 부끄러워하나니 이는 그 마지막이 사
망임이라 ²² 그러나 이제는 너희가 죄로부터 해방되고 하나님께 종이 되어 거
룩함에 이르는 열매를 맺었으니 그 마지막은 영생이라 ²³ 죄의 삯은 사망이요
하나님의 은사는 그리스도 예수 우리 주 안에 있는 영생이니라

성화란 하나님의 사람으로 거듭나서 날마다 경건한 삶으로 온전
하게 성숙되어지는 것을 의미합니다. 물과 성령으로 거듭난 사람은
하나님의 영이 내 안에 계셔서 말씀하시고 인도하심에 반응하는 것
입니다. 우리의 마음에 주님의 말씀으로 은혜로 가득 채워 성화의 열
매를 맺는 것입니다. 우리의 생각이 하나님과 예수님과 성령님의 기
뻐하실 일에 집중하고 살아갈 때 우리의 마음과 생각이 성화될 것입
니다. 우리의 입은 항상 찬송하고 감사하며 복음을 전하며 누구에게
나 축복을 선포할 때 성화될 것입니다. 우리의 눈은 하나님이 나를
위해 만드신 천지만물을 보며 푸른 초장으로 쉴만한 물가로 인도하
시는 하나님의 은총을 바라보며 살아갈 때 천국의 삶을 살아가는 성
화된 삶이 됩니다. 언제나 나를 낮추고 주님을 높이며 이웃을 높이는
삶이 성화입니다.

1) 의의 무기(12~14절)

예수 믿고 구원받기 전에는 불의의 무기로 살았습니다. 하나님을

거역하여 죄 짓는 일에 악한 일에 마귀에게 쓰임 받는 불의의 무기로 살아온 것입니다. 죄의 권세는 우리가 예수 믿고 구원받는 순간 내 안에서 무너졌습니다. 그러므로 우리의 삶의 현장에서 마귀에 대하여 죄에 대하여 경계하고 조심하면 하나님의 은혜가 이기게 하십니다. 예수 믿고 구원받은 하나님의 자녀들은 죄가 우리 육체를 지배하지 못하도록 사사로운 육체의 욕심을 따라 끌려 다니지 말아야 합니다. 우리의 육체를 불의의 무기로 죄에게 내주지 말고 예수님처럼 사도 바울처럼 하나님께 드려 의의 무기로 살아야 합니다. 이는 은혜 아래 있을 때 성령 충만할 때 가능합니다. 그리스도인들은 언제나 겸손하여 경건의 삶으로 늘 감사하며 봉사와 섬김에 힘쓰며 성별된 삶으로 하나님과 연합할 때 의의 무기가 되는 것입니다.

2) 의의 종(15~21절)

우리 모두의 본질은 죄의 종노릇하며 살아왔습니다. 종이란 자신의 권리를 주장할 수 없는 자로서 타인을 섬기는 것입니다. 죄의 종은 사망에 이르고 의의 종은 생명에 이릅니다. 그러므로 예수 믿고 구원받기 전 우리는 죄의 종노릇하며 영원한 멸망의 길로 아무 생각 없이 달려가는 우리를 하나님이 선택하시고 부르셔서 예수 믿게 하시고 구원하여 하나님의 자녀 되게 하셔서 죄로부터 해방시키시고 의의 종으로 살게 하셨습니다. 구원받기 전에는 우리 지체를 부정함과 불법에 내주어 불의의 종이 된 것같이 이제는 구원받았으니 의의 종으로 내주어 거룩함에 이르러야 합니다. 죄의 종의 열매는 부끄러운 열매요 사망의 열매를 맺었으나 이제는 의의 종으로 거룩함에 이르러 선한 열매를 맺는 것입니다. 순종의 열매 은혜의 열매입니다.

3) 사망과 영생(22~23절)

죄의 삯은 사망이요 하나님의 은사는 예수 안에서 영이라 하셨습니다. 아담과 하와가 에덴동산에서 생명강수를 마시며 생명과일을 먹으며 하나님 한 분만 섬기며 살아갈 때 영생의 삶으로 행복을 누렸습니다. 그러나 뱀(사탄)의 유혹으로 선악과를 따먹고 사망하였습니다. 그러므로 지금도 우리의 삶의 현장에는 언제나 어느 곳에서나 사망의 길과 영생의 길이 놓여있습니다. 하나님은 언제나 영생의 길로 인도하시고 도우십니다. 그러나 사탄도 그림자처럼 따라다니며 사망의 길로 가도록 유혹합니다. 그러므로 구원받은 하나님의 사람들은 죄로부터 해방되었으니 하나님의 종이 되었고 의의 무기로 하나님께 쓰임 받는 일꾼이 되어 살고 있습니다. 그러므로 거룩함에 이르는 의의 열매를 맺는 영생의 길로 나아가는 것입니다.

✚   우리 모두 예수 믿고 구원받아 하나님의 자녀가 되었으니 성화의 삶으로 의의 무기로 의의 종으로 살아 영생을 얻어 영원한 승리자 되시기를 주 예수님의 이름으로 축복합니다. "아멘"

19

로마서 7:1~13

율법의 역할

¹형제들아 내가 법 아는 자들에게 말하노니 너희는 그 법이 사람이 살 동안만 그를 주관하는 줄 알지 못하느냐 ²남편 있는 여인이 그 남편 생전에는 법으로 그에게 매인 바 되나 만일 그 남편이 죽으면 남편의 법에서 벗어나느니라 ³그러므로 만일 그 남편 생전에 다른 남자에게 가면 음녀라 그러나 만일 남편이 죽으면 그 법에서 자유롭게 되나니 다른 남자에게 갈지라도 음녀가 되지 아니하느니라 ⁴그러므로 내 형제들아 너희도 그리스도의 몸으로 말미암아 율법에 대하여 죽임을 당하였으니 이는 다른 이 곧 죽은 자 가운데서 살아나신 이에게 가서 우리가 하나님을 위하여 열매를 맺게 하려 함이라 ⁵우리가 육신에 있을 때에는 율법으로 말미암는 죄의 정욕이 우리 지체 중에 역사하여 우리로 사망을 위하여 열매를 맺게 하였더니 ⁶이제는 우리가 얽매였던 것에 대하여 죽었으므로 율법에서 벗어났으니 이러므로 우리가 영의 새로운 것으로 섬길 것이요 율법 조문의 묵은 것으로 아니할지니라 ⁷그런즉 우리가 무슨 말을 하리

요 율법이 죄냐 그럴 수 없느니라 율법으로 말미암지 않고는 내가 죄를 알지 못하였으니 곧 율법이 탐내지 말라 하지 아니하였더라면 내가 탐심을 알지 못하였으리라 **8** 그러나 죄가 기회를 타서 계명으로 말미암아 내 속에서 온갖 탐심을 이루었나니 이는 율법이 없으면 죄가 죽은 것임이라 **9** 전에 율법을 깨닫지 못했을 때에는 내가 살았더니 계명이 이르매 죄는 살아나고 나는 죽었도다 **10** 생명에 이르게 할 그 계명이 내게 대하여 도리어 사망에 이르게 하는 것이 되었도다 **11** 죄가 기회를 타서 계명으로 말미암아 나를 속이고 그것으로 나를 죽였는지라 **12** 이로 보건대 율법은 거룩하고 계명도 거룩하고 의로우며 선하도다 **13** 그런즉 선한 것이 내게 사망이 되었느냐 그럴 수 없느니라 오직 죄가 죄로 드러나기 위하여 선한 그것으로 말미암아 나를 죽게 만들었으니 이는 계명으로 말미암아 죄로 심히 죄 되게 하려 함이라

하나님께서 에덴동산을 만드시고 선악을 알게 하는 나무의 열매를 먹지 말라 먹는 날에는 반드시 죽으리라 말씀하셨으나 뱀의 유혹을 받아 선악을 알게 하는 나무의 열매를 따먹고 아담과 하와가 죽었으며 그의 자손들도 다 죽습니다. 그 후 애굽에서 고통받는 이스라엘 민족을 모세를 통하여 홍해를 건너 광야에서 40년을 살게 하시면서 십계명을 주시고 율법을 기준하여 살게 하셨습니다. 율법인 하나님의 말씀을 따라 살아가면 삶의 현장에서 복을 받습니다. 그러나 율법을 외면하고 세상 풍조를 따라 자기가 원하는 대로 사는 사람은 모두 망했습니다. 사람은 누구나 죄로 타락된 본성이 있어 100% 율법을 지킬 수가 없습니다. 예수님을 구주로 믿도록 구원받는 길로 안내하

는 말씀이 율법입니다.

1) 법의 원리(1~3절)

사도 바울은 법의 원리를 설명하기 위하여 가정에서 부부의 법을 예로 들어 자세히 설명하였습니다. 한 사람의 남자와 한 사람의 여자가 하나님 앞과 모든 증인 앞에서 결혼을 약속하고 부부가 되면 남편은 부인에게 법적으로 매여 있어 자기 마음대로 다른 여자와 부부가 될 수 없고 부인도 남편에게 법적으로 매여 있어 다른 사람과 부부가 될 수 없으나 남편이 죽으면 여자는 남편의 법에서 해방되어 다른 남자와 결혼할 수 있고 남자도 부인이 죽으면 다른 여자와 결혼할 수 있는 법적자유가 있음을 말씀합니다. 그러므로 아담의 후손된 모든 사람들은 아담과 하와가 선악을 알게 하는 나무의 열매를 먹지 말라 먹는 날에는 반드시 죽으리라(창 2:17)는 말씀을 듣고도 뱀의 유혹을 받아 선악을 알게 하는 나무의 열매를 먹음으로(창 3:6) 죽음의 법에 따라 죽습니다. 그러므로 의인은 없나니 하나도 없으며(롬 3:10) 모든 사람이 죄를 범하였다 말씀합니다(롬 3:23).

2) 율법에서 해방(4~6절)

율법에 의하여 사망에 매여 있던 우리를 위하여 예수님께서 십자가에서 내 죄 값을 지불하시고 죽으신 주님 앞에 나아와 회개하고 세례 받은 사람들은 예수님과 함께 죄에 대하여 죽었으므로 죄의 율법에서 해방되었습니다. 그러므로 죽은 자 가운데서 살아나신 예수님과 함께 영원한 생명으로 나아가 하나님을 위하여 의의 열매를 맺는 것입니다. 우리가 육신으로 죄의 법에 매여 있을 때에는 죄의 정욕이 우리 지체 속에서 역사하는 대로 행하여 사망의 열매를 맺으며 살아왔습니다. 그러나 이제는 우리가 얽매였던 죄의 법에서 해방되어 율법에서 벗어났으니 우리는 영의 새로운 것으로 섬길 것이며 하나님의 영광과 존귀와 썩지 아니함을 구하는 것입니다. 이것이 그리스도인의 선행이며 이런 자에게 하나님께서 영생으로 천국을 보상하십니다(롬 2:7~10).

3) 율법으로 속임(7~13절)

율법은 우리에게 귀한 것입니다. 율법이 없으면 죄 가운데 있으면서도 죄를 알지 못했을 것입니다. 율법의 계명이 죄를 죄로 정의합니다. 그러므로 우리에게 주신 계명인 율법은 행함으로 의인되어 구원될 수 없음을 계시하며 오직 예수님을 믿음으로 구원받는 길로 안내합니다. 그러므로 율법은 거룩하며 계명은 의로우며 선한 것입니다. 율법이 있기에 복음을 알게 된 것입니다. 예수 믿고 구원받은 사람은 율법에서 죄의 법이 해방되었음이 분명합니다. 그러나 우리 지체 속에 있는 죄성이 역사하여 온갖 탐심을 아울러 율법을 내세워 우리를 속여 죄의 법에서 해방된 것을 의심하게 하며 부정하게 합니다. 속임수에 넘어가지 말아야 합니다. 많은 그리스도인들이 속임수에 넘어가 방황합니다. 율법이 아닌 복음으로 구원받은 믿음을 굳게 하여 깨어있는 믿음으로 날마다 승리해야 합니다.

✚　　　거룩한 율법을 통하여 복음을 알게 되고 믿음으로 구원받았으니 율법에서 해방된 자유를 누리며 영의 새로운 삶으로 날마다 승리하시기를 주 예수님의 이름으로 축복합니다. "아멘"

20

로마서 7:14~25

성도의 내적 갈등

14 우리가 율법은 신령한 줄 알거니와 나는 육신에 속하여 죄 아래에 팔렸도다 **15** 내가 행하는 것을 내가 알지 못하노니 곧 내가 원하는 것은 행하지 아니하고 도리어 미워하는 것을 행함이라 **16** 만일 내가 원하지 아니하는 그것을 행하면 내가 이로써 율법이 선한 것을 시인하노니 **17** 이제는 그것을 행하는 자가 내가 아니요 내 속에 거하는 죄니라 **18** 내 속 곧 내 육신에 선한 것이 거하지 아니하는 줄을 아노니 원함은 내게 있으나 선을 행하는 것은 없노라 **19** 내가 원하는 바 선은 행하지 아니하고 도리어 원하지 아니하는 바 악을 행하는도다 **20** 만일 내가 원하지 아니하는 그것을 하면 이를 행하는 자는 내가 아니요 내 속에 거하는 죄니라 **21** 그러므로 내가 한 법을 깨달았노니 곧 선을 행하기 원하는 나에게 악이 함께 있는 것이로다 **22** 내 속사람으로는 하나님의 법을 즐거워하되 **23** 내 지체 속에서 한 다른 법이 내 마음의 법과 싸워 내 지체 속에 있는 죄의 법으로 나를 사로잡는 것을 보는도다 **24** 오호라 나는 곤고한 사람이로다 이 사

망의 몸에서 누가 나를 건져내랴 ²⁵우리 주 예수 그리스도로 말미암아 하나님께 감사하리로다 그런즉 내 자신이 마음으로는 하나님의 법을 육신으로는 죄의 법을 섬기노라

신구약 성경에 나타난 하나님의 사람들 중에 좌우로 치우치지 아니하고 사명을 감당한 최고의 사람이 사도 바울이라 할 수 있습니다. 사도 바울은 언제나 승리의 삶을 살아 모두의 모본이 되었습니다. 사도 바울은 말하기를 내가 그리스도를 본받는 자 된 것 같이 너희는 나를 본받는 자가 되라고(고전 11:1) 담대히 외쳤습니다. 이 본문을 보면 사도 바울이 자기 속에서 역사하는 육체의 욕망과 죄와 투쟁한 내적 갈등이 있었음을 볼 수 있습니다. 사람은 누구나 아담의 후손으로서 죄의 욕망을 가지고 태어납니다. 예수 믿지 않고 구원받지 못한 사람들은 죄의식 없이 자연스럽게 죄를 지으며 살아갑니다. 그러나 예수 믿고 구원받은 사람은 하나님의 거룩한 영이 우리 안에 있어 죄를 지으면 민감하게 반응하여 견디지 못합니다. 그러므로 내 속에 끊임없이 올라오는 죄의 욕망과 싸우고 또 싸워 이기는 것입니다.

1) 두 욕망(14~17절)

사도 바울은 고백하기를 자신 안에 내가 원하는 것을 하고자 하는 욕망이 있고 내가 원하지 아니하는 것을 하고자 하는 욕망이 있다고 하였습니다. 사도 바울은 예수 믿고 구원받아 물과 성령으로 구원받은 사람입니다. 그러므로 사도 바울은 마음속에 하나님의 뜻을 따라

하나님의 영광을 위하여 살고자 하는 욕망이 강력하게 역사하고 있었습니다. 그런데 그 욕망 못지않은 강력한 욕망이 끊임없이 육체 속에 숨어있는 죄의 욕망이 꿈틀거리고 있음으로 육체가 요구하는 죄의 욕망을 따라 행동하고자 하는 죄와 투쟁하는 내적 갈등이 있음을 사도 바울은 고백하고 있습니다. 사람은 누구나 마음과 생각에 따라 반응합니다. 그러므로 속에 있는 죄의 욕망을 다스려야 경건한 삶을 살 수 있습니다. 사도 바울처럼 날마다 순간마다 싸워야 합니다. 이기기 위하여 하나님의 강력한 은혜를 받아야 합니다. 성령 충만해야 합니다.

2) 선과 악(18~21절)

사도 바울은 고백하기를 내 속 곧 내 육신 안에 선한 것이 거하지 아니하고 악한 것이 거하여 악을 행한다고 탄식합니다. 선을 행하기를 원하는데 원하는 것과 상관없이 악을 행하게 됨을 괴로워하고 있습니다. 선을 행하기를 원하는 나에게 악이 함께 있음을 시인합니다. 그러므로 모든 사람들 안에는 선을 추구하는 본성과 악을 추구하는 타락된 죄의 속성이 함께 공존하는 것입니다. 구원받은 하나님의 사람들이 악을 행하는 것은 자신이 행하는 것이 아니라 내 안에 있는 죄의 속성의 결과임을 말씀합니다. 그러므로 두려움과 떨림으로 구원을 이루라고 권면합니다(빌 2:12). 육에 속한 죄의 악한 본성을 이기기 위하여 주 안에서 하나님의 능력으로 강건하여 하나님의 전신 갑주를 입고 무장해야 합니다. 구원의 투구와 성령의 검 하나님의 말씀을 가지고 성령 안에서 기도하기를 힘쓰면 선이 악을 이길 수 있습니다(엡 6:10~18).

3) 바울의 탄식(22~25절)

사도 바울은 영혼의 탄식을 크게 하고 있음을 봅니다. 사도 바울 안에 있는 육체의 법과 마음의 법이 날마다 싸우고 있습니다. 사도 바울의 속사람은 하나님의 법을 즐거워하는데 육체 속에 또 다른 법 죄의 법이 하나님의 법을 거부함을 깨닫고 탄식합니다. "오호라 나는 곤고한 사람이로다 이 사망의 몸에서 누가 나를 건져내랴" 이는 사도 바울이 하나님을 향한 속사람이 살아있어 몸부림하는 것입니다. 많은 사람들이 구원받은 하나님의 사람이라 하면서 죄의 속성과 싸우지 않고 있음은 그 영혼이 죽어 있거나 싸울 힘이 없는 상태라 할 수 있습니다. 바울이 곤고하다 말한 의미는 기진맥진 되도록 싸우고 있음을 말합니다. 사도 바울은 기진맥진 하도록 날마다 싸워 이기는 사람이 되었습니다. 우리도 사도 바울 같이 날마다 육체 속에 있는 죄의 법과 싸워 이기는 삶이 되어야 합니다.

✚　　사도 바울 같이 우리 안에서 역사하는 죄의 법과 싸워 예수 이름으로 날마다 승리하시기를 주 예수님의 이름으로 축복합니다. "아멘"

21

로마서 8:1~11

사망의 법에서 해방

¹그러므로 이제 그리스도 예수 안에 있는 자에게는 결코 정죄함이 없나니 ²이는 그리스도 예수 안에 있는 생명의 성령의 법이 죄와 사망의 법에서 너를 해방하였음이라 ³율법이 육신으로 말미암아 연약하여 할 수 없는 그것을 하나님은 하시나니 곧 죄로 말미암아 자기 아들을 죄 있는 육신의 모양으로 보내어 육신에 죄를 정하사 ⁴육신을 따르지 않고 그 영을 따라 행하는 우리에게 율법의 요구가 이루어지게 하려 하심이니라 ⁵육신을 따르는 자는 육신의 일을, 영을 따르는 자는 영의 일을 생각하나니 ⁶육신의 생각은 사망이요 영의 생각은 생명과 평안이니라 ⁷육신의 생각은 하나님과 원수가 되나니 이는 하나님의 법에 굴복하지 아니할 뿐 아니라 할 수도 없음이라 ⁸육신에 있는 자들은 하나님을 기쁘시게 할 수 없느니라 ⁹만일 너희 속에 하나님의 영이 거하시면 너희가 육신에 있지 아니하고 영에 있나니 누구든지 그리스도의 영이 없으면 그리스도의 사람이 아니라 ¹⁰또 그리스도께서 너희 안에 계시면 몸은 죄로 말미암아

죽은 것이나 영은 의로 말미암아 살아 있는 것이니라 [11]예수를 죽은 자 가운데서 살리신 이의 영이 너희 안에 거하시면 그리스도 예수를 죽은 자 가운데서 살리신 이가 너희 안에 거하시는 그의 영으로 말미암아 너희 죽을 몸도 살리시리라

사람은 누구나 아담의 후손으로 태어났습니다. 하나님은 아담에게 "선악을 알게 하는 나무의 열매를 먹지 말라 네가 먹는 날에는 반드시 죽으리라"(창 2:17) 말씀하셨습니다. 그러나 여자가 그 나무의 열매를 따먹고 아담에게도 주매 아담이 그 나무의 열매를 먹었습니다(창 3:6). 그러므로 사람은 누구나 죄와 사망의 법에 매여 아담으로부터 그의 후손 모두가 육신은 죽어 흙으로 돌아갑니다(창 3:19). 영혼은 영원한 지옥의 판결을 받아 멸망하는 것입니다. 그러므로 하나님은 멸망받은 사람들을 구원하시기 위해 여자의 후손을 통해 구원할 것을 약속하셨습니다(창 3:15). 그리고 동정녀 마리아의 몸에서 예수님이 태어나게 하시고(마 1:18~23) 예수님을 속죄 제물로 제물 되게 하시고 누구든지 예수 믿으면 구원받게 하셨습니다(요 3:16). 구원받은 사람은 죄와 사망의 법에서 해방됨을 성령님이 말씀하십니다.

1) 정죄함이 없나니(1~4절)

예수 안에 있는 사람은 결코 정죄함이 없다고 선포하셨습니다. 예수 안에 있다는 말은 예수님을 구세주로 믿고 구원받은 사람입니다. 이는 물과 성령으로 거듭난 사람입니다. 예수님을 주인으로 모시고

사는 사람입니다. 이런 사람은 예수 안에 있는 생명이 성령의 역사로 죄와 사망의 법에서 해방한 것입니다. 이는 육신의 법이 아닌 영의 법이며 행위의 법이 아닌 믿음의 법으로 되는 것입니다. 육신이 연약하여 율법을 지켜 행할 수 없는 그것을 하나님은 자기 아들 예수님을 죄 없음에도 죄 있는 육신의 모양으로 이 세상에 죄인들을 위해 보내셔서 대속 제물로 십자가에서 형벌을 받게 하심으로 예수님을 구주로 믿는 자들에게 율법의 요구가(창 2:17) 이루어져 정죄함이 없는 영생의 길을 가게 하셨습니다. 그러므로 그리스도 예수 안에 있는 자들에게는 정죄함이 없는 것입니다.

2) 육의 사람 영의 사람(5~8절)

이 세상의 사람들을 크게 나누면 두 종류의 사람들이 살고 있습니다. 그 중 하나는 육적인 일만 생각하며 살아가는 사람입니다. 육신에 속한 사람은 하나님의 법에 굴복하지 아니하고 반항하며 정반대의 길로만 갑니다. 그러므로 하나님과 원수 되어 살아갑니다. 이들은 하나님을 기쁘시게 하지 못하고 근심시키며 격노하게 만듭니다. 그러므로 이들의 종말은 사망이요 심판을 받아 영원한 지옥의 판결을 받습니다. 이와 반대의 사람이 있는데 이는 영적인 사람으로 육신을 따르지 않고 영을 따라 행하는 사람입니다. 이들은 언제나 육신보다 영의 일을 먼저 생각하고 반응합니다. 그러므로 하나님이 주시는 생명을 얻고 평강을 누립니다. 이들은 늘 하나님을 기쁘시게 하고 하나님이 주시는 풍성한 은혜로 날마다 천국을 누리며 살다가 영원한 천국에

가며 천국에서 생명의 면류관을 받아 영원히 누리게 될 것 입니다.

3) 그리스도의 사람(9~11절)

영의 일을 생각하고 영의 일을 따르는 사람은 그리스도의 영이 내 안에 있는 사람입니다. 이런 사람은 육신에 속한 사람이 아니요 영에 속한 사람입니다. 이는 그리스도의 영이 있는 그리스도인입니다. 만일 그리스도의 영이 내 안에 없다면 교회를 수십 년 다녀도 그리스도인이 아닙니다. 구원받지 못한 사람입니다. 예수를 믿는다는 것은 예수님을 내 안에 모셔 들였다는 말입니다. 그러므로 "영접하는 자 곧 그 이름을 믿는 자들에게는 하나님의 자녀가 되는 권세를 주셨"다(요 1:12) 하셨습니다. 십자가에서 죽으신 예수님을 살리신 하나님의 영이 우리 안에 있는 사람은 우리가 죽어도 다시 살리시는 것입니다. 그러므로 예수님을 구주로 내 안에 모신 사람은 영원한 천국에 가는 복을 받는 것입니다. 최고의 복을 받은 하나님의 자녀로서 당당하게 영원한 천국을 바라보며 이 세상에서 하나님의 영광을 위해 살아가는 그리스도의 사람입니다.

✚　　　예수 안에 있는 우리는 죄와 사망의 법에서 생명의 성령의 법이 해방하신 선포입니다. 그리스도 예수 안에서 성령의 능력으로 날마다 승리의 삶을 사시기를 주 예수님의 이름으로 축복합니다. "아멘"

22

로마서 8:12~22

아빠 아버지

¹² 그러므로 형제들아 우리가 빚진 자로되 육신에게 져서 육신대로 살 것이 아니니라 ¹³ 너희가 육신대로 살면 반드시 죽을 것이로되 영으로써 몸의 행실을 죽이면 살리니 ¹⁴ 무릇 하나님의 영으로 인도함을 받는 사람은 곧 하나님의 아들이라 ¹⁵ 너희는 다시 무서워하는 종의 영을 받지 아니하고 양자의 영을 받았으므로 우리가 아빠 아버지라고 부르짖느니라 ¹⁶ 성령이 친히 우리의 영과 더불어 우리가 하나님의 자녀인 것을 증언하시나니 ¹⁷ 자녀이면 또한 상속자 곧 하나님의 상속자요 그리스도와 함께 한 상속자니 우리가 그와 함께 영광을 받기 위하여 고난도 함께 받아야 할 것이니라 ¹⁸ 생각하건대 현재의 고난은 장차 우리에게 나타날 영광과 비교할 수 없도다 ¹⁹ 피조물이 고대하는 바는 하나님의 아들들이 나타나는 것이니 ²⁰ 피조물이 허무한 데 굴복하는 것은 자기 뜻이 아니요 오직 굴복하게 하시는 이로 말미암음이라 ²¹ 그 바라는 것은 피조물도 썩어짐의 종 노릇 한 데서 해방되어 하나님의 자녀들의 영광의 자유에 이르는

것이니라 [22]피조물이 다 이제까지 함께 탄식하며 함께 고통을 겪고 있는 것을 우리가 아느니라

예수님을 구세주로 믿고 세례를 받은 사람은 십자가의 보혈의 능력으로 죄 사함을 받은 하나님의 자녀로서 구원받은 것입니다. 하나님의 자녀가 된 사람은 하나님과 부자지간의 관계가 형성된 것입니다. 그러므로 아빠 아버지라 부를 수 있는 자격이 형성된 것입니다. 아버지를 아빠라 부를 때 더 가까워짐을 느낄 수 있습니다. 부자지간 관계가 멀리 있는 것보다 가까이 있어 동고동락할 때 행복해집니다. 여러분은 하나님과의 관계가 아버지와 아들의 느낌인가요? 아니면 아빠와 아들의 느낌인가요? 시집온 며느리가 시아버지에게 아빠라고 자유롭게 부를 수 있다면 사랑받는 딸 같이 여겨질 것입니다. 하나님 아버지는 자녀들에게서 아버지라 부르는 것보다 아빠라 부르기를 원하실 것입니다. 그리하여 부자지간이 더 사랑이 넘치는 행복한 관계를 기뻐하실 것입니다.

1) 하나님의 아들(12~15절)

우리가 하나님의 자녀가 된 것은 내가 지은 죄 값을 예수님이 십자가에서 대신 지불하셔서 내가 구원받아 하나님의 아들이 되었으니 우리는 복음에 빚진 자입니다. 그러므로 육신에 매여 육신대로 살지 말아야 합니다. 육신에 매여 육신대로 살면 반드시 멸망합니다. 그러나 성령 충만하여 육신의 욕망을 죽이고 절제하면 생명의 역사가 계

속될 것입니다. 그러므로 하나님의 자녀들은 하나님의 영으로 인도함을 받습니다. 우리는 무서워하는 종의 영을 받지 아니하고 양자의 영을 받았으므로 아빠 아버지라 부르짖는 하나님의 아들들이 된 것입니다. 우리는 하나님의 아들로서 악행을 절제하고 악한 습관들을 제거해야 합니다. 그러나 우리 힘으로는 불가능하나 성령의 능력을 힘입으면 가능합니다. 날마다 성령 충만을 받아 날마다 하나님의 아들답게 살아야 합니다.

2) 상속자(16~18절)

물과 성령으로 거듭난 하나님의 자녀들은 내 안에 계신 성령님께서 하나님의 자녀임을 언제나 내 안에서 말씀하십니다. 그러므로 담대해지며 하나님의 자녀의식으로 살아가는 것입니다. 하나님의 아들이 된 사람은 하나님의 나라 상속자입니다. 예수님과 함께 천국의 상속자로 영원한 영광을 얻게 될 것입니다. 천국의 영광을 얻기 위하여 이 세상에서 당하는 여러 가지 고난을 기꺼이 감래 하는 것입니다. 현재 우리가 이 세상에서 여러 가지 당하는 고난으로 힘들어 하지만 천국에서의 받을 영광을 생각하면 족히 비교할 수 없는 것입니다. 우리는 우리의 고향을 향해 나아가는 나그네의 삶입니다. 우리가 살아가는 삶의 현장은 천국에서의 상급을 준비하는 기간입니다. 영원한 상급을 준비하는 일에 최선을 다하는 지혜로운 상속자가 되어야 합니다.

3) 피조물의 탄식과 소망(19~22절)

이 세상에 존재하는 모든 만물들은 하나님이 사람을 위해 만들었습니다. 그리고 사람은 하나님의 영광을 위하여 지음 받았습니다. 그러나 사람이 선악과를 따먹고 범죄 하므로 사람을 위해 만든 모든 피조물들이 저주를 받았습니다(창 3:17). 그러므로 모든 피조물들이 제 기능을 상실하여 고통을 받아 탄식하고 있습니다. 모든 피조물들이 예수님이 재림하시는 날 회복될 것을 알기에 그날을 소망하여 기다리고 있는 것입니다. 예수님이 재림하시는 날 모든 피조물은 본래 에덴동산의 회복의 역사가 있습니다. 아담 한 사람의 범죄로 모든 피조물이 저주를 받아 썩어짐의 종노릇하고 있습니다. 그러나 예수님의 재림으로 완전하고 영원히 구원받아 회복되는 최고의 날이 될 것입니다.

✚   우리는 양자의 영을 받아 하나님의 자녀가 되어 아빠 아버지의 관계를 이루어 영원한 하늘나라 상속자로 살아가고 있습니다. 하나님 나라의 영광을 위해 날마다 준비하는 우리가 되시기를 주 예수님의 이름으로 축복합니다. "아멘"

23

로마서 8:23~30

성도와 성화

²³ 그뿐 아니라 또한 우리 곧 성령의 처음 익은 열매를 받은 우리까지도 속으로 탄식하여 양자 될 것 곧 우리 몸의 속량을 기다리느니라 ²⁴ 우리가 소망으로 구원을 얻었으매 보이는 소망이 소망이 아니니 보는 것을 누가 바라리요 ²⁵ 만일 우리가 보지 못하는 것을 바라면 참음으로 기다릴지니라 ²⁶ 이와 같이 성령도 우리의 연약함을 도우시나니 우리는 마땅히 기도할 바를 알지 못하나 오직 성령이 말할 수 없는 탄식으로 우리를 위하여 친히 간구하시느니라 ²⁷ 마음을 살피시는 이가 성령의 생각을 아시나니 이는 성령이 하나님의 뜻대로 성도를 위하여 간구하심이니라 ²⁸ 우리가 알거니와 하나님을 사랑하는 자 곧 그의 뜻대로 부르심을 입은 자들에게는 모든 것이 합력하여 선을 이루느니라 ²⁹ 하나님이 미리 아신 자들을 또한 그 아들의 형상을 본받게 하기 위하여 미리 정하셨으니 이는 그로 많은 형제 중에서 맏아들이 되게 하려 하심이니라 ³⁰ 또 미리 정하신 그들을 또한 부르시고 부르신 그들을 또한 의롭다 하시고 의롭다 하신

예수님을 구주로 믿고 세례를 받아 죄 사함을 받은 사람은 구원받은 하나님의 자녀입니다. 자녀 됨은 거룩한 백성으로 거듭났으니 성도라 부릅니다. 목사가 되고 장로가 되고 권사가 되고 집사가 되고 교회를 위해 많은 봉사와 헌신이 있다 해도 성도가 되지 못하면 아무런 의미가 없는 것입니다. 성도되어 하나님의 자녀로 거룩한 구별된 사람이 되었다면 날마다 예수님을 닮아가는 삶으로 날마다 성화되어져 가야 하는 것입니다. 사람의 육체는 성장할 때가 있습니다. 성장의 때가 지나가면 계속 자라지 않습니다. 성장할 때 균형 잡힌 좋은 음식을 섭취하고 좋은 환경이 되면 많이 성장합니다. 그러나 우리의 신앙 즉, 영적 성화의 성장은 주님 앞에 갈 때까지 계속 성장하여 성화되어야 하는 것입니다. 성화의 성장이 멈추었다면 병든 것입니다. 신구약 말씀의 보약으로 치료하여 계속 성화되게 해야 합니다.

1) 구원의 소망(23~25절)

이 세상에 있는 모든 피조물들이 예수님의 재림으로 본래 에덴동산의 회복을 기다립니다(롬 8:19~22). 이와 같이 성령의 처음 익은 열매인 사도들도 예수님의 재림으로 양자될 속량의 그날을 사모하여 기다린다 하였습니다. 우리는 예수님을 구주로 믿고 영원한 천국을 소망하여 살아가는 성도들은 육신의 눈으로 보는 이 세상의 것들을 소망하여 살지 아니합니다. 이 세상에는 육신의 눈에 보이는 것들을 소망하여 살아가는 사람들이 많습니다. 이는 성도되지 못하고 종교 생활 하는 사람들의 공통된 소망입니다. 구원받아 하나님의 자녀 된 성도들의 궁극적 소망은 영원한 천국에서 영생복락을 소망하여 인내 하며 믿음을 지키는 것입니다. 육신적인 어떤 환난이 와도 천국에서의 영원한 구원의 소망으로 인내하며 살아가는 것입니다. 이것이 믿음의 여정입니다.

2) 성령의 중보사역(26~27절)

구원받은 하나님의 사람들이 하늘의 소망을 가지고 살아가는 삶의 현장에서 연약하여 때로는 좌절하고 낙심합니다. 그러므로 성령님이 성도들의 연약함을 아시고 우리를 도우시며 하나님의 뜻대로 때로는 탄식하며 우리를 위해 간구하심으로 오늘까지 우리가 믿음을 지키고 있는 것입니다. 성령님은 우리의 연약한 마음을 아시고 주님의 마음을 갖도록 우리를 도우시며 예수님을 주인으로 모시고 살도록 도우십니다. 성령님은 우리의 연약한 생각을 아시고 오직 하나님의 뜻에 맞는 생각을 갖도록 우리를 도우심으로 우리의 생각이 거룩해지는 것입니다. 성령님은 우리의 연약한 입술의 말을 아시고 성령이 말하게 하심으로 하나님의 뜻대로 말하도록 도우십니다. 성령님은 우리의 연약한 행동을 아시고 하나님의 뜻대로 행동하도록 늘 동행하시며 도우시며 인도하십니다. 성령님의 도우심이 없으면 우리 힘으로는 불가능합니다.

3) 성도의 예정과 성화(28~30절)

하나님의 뜻대로 부르심을 받아 하나님의 자녀가 된 성도들에게는 모든 것이 합력하여 선을 이룬다 하셨습니다. 비록 과정이 힘들거나 이해가 안 되도 결과는 하나님이 도우심으로 아름다운 결과를 얻게 될 것입니다. 하나님의 은혜로 하나님의 자녀 된 사람들은 예수님의 형상을 본받게 하기 위하여 미리 정하셨다 하셨습니다. 예수 믿고 구원받은 성도들은 예수님의 형상을 본받기를 하나님이 원하십니다. 그러므로 구원받은 우리를 예정하시고 예정된 우리를 부르시어 교회에 나오게 하시고 복음을 듣게 하시고 복음이신 예수님을 믿게 하시고 믿는 우리를 의롭다 하시고 의로 여기심을 받은 우리를 영원한 천국의 사람으로 영화롭게 하시는 것입니다. 그러므로 천국 가는 그날까지 날마다 예수님을 닮아가는 삶으로 성화 되어 가는 것입니다. 그러므로 예수님을 닮아가는 제자의식으로 살아가는 것입니다.

✚   구원의 소망으로 살아가는 우리를 위해 성령님께서 도우시고 하나님의 뜻대로 하나님께 간구해주심으로 날마다 예수님을 닮아가며 승리하시기를 주 예수님의 이름으로 축복합니다. "아멘"

24

로마서 8:31~39
성도의 확실한 구원

31 그런즉 이 일에 대하여 우리가 무슨 말 하리요 만일 하나님이 우리를 위하시면 누가 우리를 대적하리요 **32** 자기 아들을 아끼지 아니하시고 우리 모든 사람을 위하여 내주신 이가 어찌 그 아들과 함께 모든 것을 우리에게 주시지 아니하겠느냐 **33** 누가 능히 하나님께서 택하신 자들을 고발하리요 의롭다 하신 이는 하나님이시니 **34** 누가 정죄하리요 죽으실 뿐 아니라 다시 살아나신 이는 그리스도 예수시니 그는 하나님 우편에 계신 자요 우리를 위하여 간구하시는 자시니라 **35** 누가 우리를 그리스도의 사랑에서 끊으리요 환난이나 곤고나 박해나 기근이나 적신이나 위험이나 칼이랴 **36** 기록된 바 우리가 종일 주를 위하여 죽임을 당하게 되며 도살당할 양 같이 여김을 받았나이다 함과 같으니라 **37** 그러나 이 모든 일에 우리를 사랑하시는 이로 말미암아 우리가 넉넉히 이기느니라 **38** 내가 확신하노니 사망이나 생명이나 천사들이나 권세자들이나 현재 일이나 장래 일이나 능력이나 **39** 높음이나 깊음이나 다른 어떤 피조물이라도 우리를

예수님을 구주로 믿고 구원받아 성도가 되었다면 구원받아 천국 가는 것이 확실한 것입니다. 이 구원이 사람으로 말미암았다면 구원이 보장될 수 없습니다. 그러나 하나님으로 말미암았다면 확실한 보장이 되는 것입니다. 사람은 완전하지 못하나 하나님은 전지전능하시고 완전하신 분이시기 때문입니다. 하나님 아버지가 구원을 이루어 가시는데 누가 막을 수 있겠습니까! 그러므로 전지전능하신 하나님을 아버지로 믿는다면 구원에 대한 의심이나 두려움이 사라질 것입니다. 그러나 구원이 나로 말미암아 된다고 여겨지고 전지전능하신 하나님으로 믿지 못하는 사람은 여전히 구원에 대하여 불안해 할 것입니다. 어떻게 생각하면 구원받아 천국 갈 것도 같고 어떻게 생각하면 천국 못갈 것 같은 생각으로 늘 불안해 할 것입니다. 가봐야 알 것이라고 여길 것입니다. 자신의 믿음을 보시기 바랍니다.

1) 나를 위하시는 하나님(31~34절)

하나님은 나를 위하여 하나밖에 없는 자기 아들을 아끼지 아니하시고 내어주셔서 십자가에서 내 죄 값을 대신 치루게 하셔서 우리가 예수님으로 말미암아 죄 사함을 받고 구원받아 하나님의 자녀가 된 것입니다. 나 같은 죄인을 위하여 자신의 아들을 내어주신 하나님 아버지가 우리의 필요와 요구를 아시고 언제나 필요 적절할 때 공급해 주심으로 우리가 존재하고 있는 것입니다. 그러므로 하나님이 우리를 위하심으로 사람이나 환경이나 마귀와 사탄이 우리를 대적하고 고발할지라도 하나님이 우리를 의인으로 인정하시기에 구원은 확실히 보장되는 것입니다. 예수님께서는 지금도 하나님 우편에 계셔서 우리를 위해 중보하시고 기도하시고 계십니다. 그러므로 예수 믿고 구원받아 하나님의 자녀가 된 복은 이 세상에서 최고의 복을 받은 것입니다. 그러므로 우리는 행복한 사람들입니다(신 33:29).

2) 넉넉한 승리(35~37절)

마귀 사탄에게 내어 준 세상에서 하나님의 자녀로 살아가는 사람들에게는 예수님이 이 세상에 오셔서 도살한 양처럼 살다가 십자가에서 죽으신 것과 같습니다. 그러나 하나님이 예수님을 삼일 만에 살아나게 하시고 40일 동안 제자들과 함께 하시고 승천하셔서 하나님 우편에 앉아 계셔서 우리를 위해 중보하시고 우리를 데리러 재림의 주님으로 오실 것입니다. 그러므로 예수 믿고 구원받아 성도된 사람들에게는 예고 없는 여러 가지 환난으로 어려움이 찾아오지만 믿음으로 승리하게 하십니다. 곤고한 일로 어려움이 와도 이기게 됩니다. 심한 박해가 있을지라도 반드시 승리합니다. 기근으로 어려움이 온다 해도 주님이 넉넉히 이기게 하십니다. 적으로부터 위험을 당해도 염려하지 말고 믿고 기도하는 자에게 이기게 하십니다. 하나님 아버지가 우리를 자녀로 삼아 주시고 사랑하시기에 우리를 사랑하시는 하나님의 은혜로 말미암아 넉넉히 이기게 하십니다.

3) 끊을 수 없는 사랑(38~39절)

아담의 후손으로 태어나 허물과 죄로 죽었던 우리는 하나님과의 관계는 끊어지고 마귀의 지배 아래 죄의 종노릇 하며 살았습니다. 그러나 하나님이 우리를 천에 하나 만에 하나로 예정하시고 부르시고 복음을 듣게 하시고 나를 위해 속죄 제물로 죽으신 예수님을 구주로 믿게 하시고 양자로 삼아 아빠 아버지라 부르게 하시는 사랑의 관계로 만들어주셨습니다. 그러므로 이 세상에 있는 모든 것들 사망이나 생명이나 천사들이나 권세자들이나 현재 일이나 장래 일이나 능력이나 높음이나 깊음이나 여러 가지 피조물들이 하나님 아버지와 자녀의 관계를 끊어 놓으려고 합니다. 그러나 세상에 있는 어떤 것들도 하나님 아버지와 우리가 자녀 된 관계를 끊을 수 없는 것은 우리 주 그리스도 예수 안에 있는 하나님의 사랑으로 연결되어 있기 때문입니다. 그러므로 구원이 확실하게 보장된 것입니다.

✚　　예수 믿고 구원받은 우리는 구원이 나로 말미암아 된 것이 아니고 하나님 아버지로 말미암아 이루어졌음으로 영원한 천국이 보장되었으니 하나님 나라 백성으로 세상에서 살아가시기를 주 예수님의 이름으로 축복합니다. "아멘"

25

로마서 9:1~18
구원의 주권

¹ 내가 그리스도 안에서 참말을 하고 거짓말을 아니하노라 나에게 큰 근심이 있는 것과 마음에 그치지 않는 고통이 있는 것을 내 양심이 성령 안에서 나와 더불어 증언하노니 ² 없음 ³ 나의 형제 곧 골육의 친척을 위하여 내 자신이 저주를 받아 그리스도에게서 끊어질지라도 원하는 바로라 ⁴ 그들은 이스라엘 사람이라 그들에게는 양자 됨과 영광과 언약들과 율법을 세우신 것과 예배와 약속들이 있고 ⁵ 조상들도 그들의 것이요 육신으로 하면 그리스도가 그들에게서 나셨으니 그는 만물 위에 계셔서 세세에 찬양을 받으실 하나님이시니라 아멘 ⁶ 그러나 하나님의 말씀이 폐하여진 것 같지 않도다 이스라엘에게서 난 그들이 다 이스라엘이 아니요 ⁷ 또한 아브라함의 씨가 다 그의 자녀가 아니라 오직 이삭으로부터 난 자라야 네 씨라 불리리라 하셨으니 ⁸ 곧 육신의 자녀가 하나님의 자녀가 아니요 오직 약속의 자녀가 씨로 여기심을 받느니라 ⁹ 약속의 말씀은 이것이니 명년 이 때에 내가 이르리니 사라에게 아들이 있으리라 하심이

라 [10]그뿐 아니라 또한 리브가가 우리 조상 이삭 한 사람으로 말미암아 임신하였는데 [11]그 자식들이 아직 나지도 아니하고 무슨 선이나 악을 행하지 아니한 때에 택하심을 따라 되는 하나님의 뜻이 행위로 말미암지 않고 오직 부르시는 이로 말미암아 서게 하려 하사 [12]리브가에게 이르시되 큰 자가 어린 자를 섬기리라 하셨나니 [13]기록된 바 내가 야곱은 사랑하고 에서는 미워하였다 하심과 같으니라 [14]그런즉 우리가 무슨 말을 하리요 하나님께 불의가 있느냐 그럴 수 없느니라 [15]모세에게 이르시되 내가 긍휼히 여길 자를 긍휼히 여기고 불쌍히 여길 자를 불쌍히 여기리라 하셨으니 [16]그런즉 원하는 자로 말미암음도 아니요 달음박질하는 자로 말미암음도 아니요 오직 긍휼히 여기시는 하나님으로 말미암음이니라 [17]성경이 바로에게 이르시되 내가 이 일을 위하여 너를 세웠으니 곧 너로 말미암아 내 능력을 보이고 내 이름이 온 땅에 전파되게 하려 함이라 하셨으니 [18]그런즉 하나님께서 하고자 하시는 자를 긍휼히 여기시고 하고자 하시는 자를 완악하게 하시느니라

"태초에 하나님이 천지를 창조하시니라" 창 1:1

이 세상에 존재하는 만물들의 주인이 하나님이십니다. 그러므로 모든 주권이 하나님에게 있습니다. 하나님의 주권을 인정하고 하나님의 다스리심에 순종하며 살아가는 것이 올바른 신앙생활입니다. 하나님의 존재를 믿지 않는 사람들은 자신의 주권이 자신에게 있다고 여겨 자기 마음대로 행동하며 살아갑니다. 그리고 자신만을 위해 살아갑니다. 이들은 언제나 자기가 원하는 대로 되지 않아 스트레스

를 받습니다. 이는 어리석은 자의 삶입니다. 피조물은 창조자에 의해 존재하므로 모든 주권이 창조자에게 있음은 당연한 것입니다. 그러므로 사람은 누구나 하나님에 의해 존재하므로 하나님의 뜻을 따라 살아가는 것이 지혜요 명철이요 복입니다. 우리가 예수님을 구주로 믿고 구원받는 주권이 나에게 있지 아니하고 하나님께 있습니다. 그러므로 나 같은 죄인 살리신 그 은혜 감사하며 하나님을 아버지로 모시고 사는 것입니다.

1) 바울의 근심(1~5절)

사도 바울은 로마서 7장에서 육적 속성과 갈등으로 내적 근심을 처절하게 했습니다. 또 다른 근심이 있었으니 이는 골육 형제들이 예수 믿지 않고 지옥으로 달려가는 것을 바라보면서 골육 형제의 구원을 위해서라면 지옥 가는 고통이라도 감수하겠다는 자신의 심정을 토로합니다. 사도 바울의 조상과 형제들은 하나님의 특별하신 은혜를 받은 자들입니다. 이들은 아브라함의 씨로 이어진 민족이며 이스라엘 민족입니다. 이들에게는 양자됨과 영광과 언약들과 율법을 세우신 것과 예배와 약속들이 있습니다. 육신으로 하면 예수님이 이들의 혈통에서 나셨습니다. 이렇게 특별한 은혜를 많이 받았으면서도 자신들을 위해 속죄 제물로 오신 예수님을 거부하고 지옥으로 달려가고 있습니다. 지옥으로 나아가는 형제를 바라보고 바울이 근심한 것같이 예수님을 믿지 않는 사람들을 바라보고 근심하며 기도하며 전도하기를 힘써야 합니다.

2) 약속의 자녀(6~13절)

아브라함의 자녀로 태어난 모든 사람이 약속의 자녀가 아니라고 말씀합니다. 명년 이때에 사라의 몸에서 태어나는 이삭만이 약속의 자녀라 말씀합니다. 육신의 자녀가 하나님의 자녀가 아니요 오직 약속의 자녀가 씨로 여김을 받는다 하였습니다. 이 세상에는 많은 사람들이 살고 있습니다. 그러나 모든 사람이 약속의 자녀가 아니라고 말씀합니다. 오직 아브라함의 여러 아들 중에 이삭 한 사람만 약속 있는 자녀입니다. 이삭의 아들 중에 에서는 육에 속한 아들이며 야곱 한 사람만 약속 있는 영에 속한 사람입니다. 야곱의 열두 아들의 후손들이 민족을 이루어 이스라엘 나라를 이루었으며 오늘까지 유대인들이 이 세상에 살고 있습니다. 그러나 이들 중에는 육에 속한 사람과 약속에 매여 있는 영에 속한 사람들이 있습니다. 오직 예수 믿고 구원받은 사람은 약속의 자녀이며 예수님을 믿지 않는 사람은 육에 속한 사람이요 약속이 없는 사람입니다.

3) 하나님의 주권(14~18절)

우리가 예수 믿고 구원받은 것은 그 근원이 나로 말미암아 된 것이 아니요 하나님의 주권에 의하여 된 것이라 말씀합니다. 구원이란 원하는 자로 말미암음도 아니요 달음박질하는 자로 말미암음도 아니요 오직 긍휼히 여기시는 하나님으로 말미암음이라 하셨습니다. 성경이 말씀하시기를 하나님이 바로를 세운 것은 하나님의 능력을 보이고 온 세상에 하나님의 이름이 전파되게 하려 함이라 하였습니다.

하나님이 긍휼히 여길 자를 긍휼히 여기고 불쌍히 여길 자를 불쌍히 여기고 하고자 하는 자를 완악하게 하신다 하였습니다. 리브가의 태중에 있는 쌍둥이를 가리켜 큰 자가 어린 자를 섬기리라 하셨습니다. 하나님이 말씀하신대로 어린 야곱이 형의 장자권을 차지하고 복을 받았습니다. 그러면 하나님이 불의가 있는가! 그럴 수 없습니다. 피조물인 사람이 우리를 지으신 하나님이 하시는 일을 말할 자격이 없습니다.

✙　　우리가 구원받은 것은 하나님의 전적인 주권적 은혜로 된 것입니다. 나 같은 죄인 살리신 주님의 은혜에 감사 감격하여 주님을 섬기며 날마다 하나님께 더 가까이 나아가시기를 주 예수님의 이름으로 축복합니다. "아멘"

26

로마서 9:19~33

이스라엘의 과거 구원

¹⁹ 혹 네가 내게 말하기를 그러면 하나님이 어찌하여 허물하시느냐 누가 그 뜻을 대적하느냐 하리니 ²⁰ 이 사람아 네가 누구이기에 감히 하나님께 반문하느냐 지음을 받은 물건이 지은 자에게 어찌 나를 이같이 만들었느냐 말하겠느냐 ²¹ 토기장이가 진흙 한 덩이로 하나는 귀히 쓸 그릇을, 하나는 천히 쓸 그릇을 만들 권한이 없느냐 ²² 만일 하나님이 그의 진노를 보이시고 그의 능력을 알게 하고자 하사 멸하기로 준비된 진노의 그릇을 오래 참으심으로 관용하시고 ²³ 또한 영광 받기로 예비하신 바 긍휼의 그릇에 대하여 그 영광의 풍성함을 알게 하고자 하셨을지라도 무슨 말을 하리요 ²⁴ 이 그릇은 우리니 곧 유대인 중에서 뿐 아니라 이방인 중에서도 부르신 자니라 ²⁵ 호세아의 글에도 이르기를 내가 내 백성 아닌 자를 내 백성이라, 사랑하지 아니한 자를 사랑한 자라 부르리라 ²⁶ 너희는 내 백성이 아니라 한 그 곳에서 그들이 살아 계신 하나님의 아들이라 일컬음을 받으리라 함과 같으니라 ²⁷ 또 이사야가 이스라엘에 관하여 외

치되 이스라엘 자손들의 수가 비록 바다의 모래 같을지라도 남은 자만 구원을 받으리니 **28** 주께서 땅 위에서 그 말씀을 이루고 속히 시행하시리라 하셨느니라 **29** 또한 이사야가 미리 말한 바 만일 만군의 주께서 우리에게 씨를 남겨 두지 아니하셨더라면 우리가 소돔과 같이 되고 고모라와 같았으리로다 함과 같으니라 **30** 그런즉 우리가 무슨 말을 하리요 의를 따르지 아니한 이방인들이 의를 얻었으니 곧 믿음에서 난 의요 **31** 의의 법을 따라간 이스라엘은 율법에 이르지 못하였으니 **32** 어찌 그러하냐 이는 그들이 믿음을 의지하지 않고 행위를 의지함이라 부딪칠 돌에 부딪쳤느니라 **33** 기록된 바 보라 내가 걸림돌과 거치는 바위를 시온에 두노니 그를 믿는 자는 부끄러움을 당하지 아니하리라 함과 같으니라

로마서를 크게 보면 세 부분으로 볼 수 있습니다. 1장부터 8장까지는 믿음으로 얻는 의에 대하여 집중적으로 말씀합니다. 9장부터 11장까지는 구원의 역사를 자세하게 말씀합니다. 12장부터 마지막까지는 구원받은 하나님의 자녀로서의 삶을 심도 있게 말씀합니다. 9장에서는 이스라엘의 과거 구원에 대하여 말씀하고 있습니다. 로마서 9장 1~18절 말씀 중에 구원의 주권이 전적으로 하나님께 있음을 강력하게 주장함에 대하여 불만 불평을 하거나 이유를 제기하는 사람이 있을 것을 예상하고 하시는 말씀입니다. 당시 유대인들은 선택받은 아브라함의 자손들로서 철저하게 율법을 지키므로 하나님의 자녀라고 생각하며 구원을 확신하고 있었습니다. 이들은 자신의 의로 구원받음을 주장했습니다. 그러므로 사도 바울은 구원받지 못할 형

제들을 바라보며 근심하여 구원받기를 소원하고 기도하였으며 전도하며 구원의 정당성을 설명하고 있습니다.

1) 선택의 정당성(19~24절)

허물과 죄로 죽었던 우리를 하나님의 주권에 의해 선택하시고 구원하심에 대하여 하나님께 반문하거나 이의를 제기하거나 하나님이 불의 하시다 할 수 없습니다. 사람은 누구나 하나님이 지으신 피조물이기 때문입니다. 토기장이가 진흙 한 덩어리로 귀히 쓰는 그릇과 천히 쓰는 그릇을 만들 주권이 토기장이에게 있음을 예를 들어 말씀하고 있습니다. 천히 쓰임 받게 지음 받은 그릇들이 불만할 수 없는 것 같다 합니다. 귀히 쓰는 그릇으로 유대인으로 만드심이나 천히 쓰는 그릇으로 이방인으로 만든 주권이 하나님에 의하여 된 것입니다. 만약 이의를 제기하거나 불만을 토로한다면 이는 자기가 토기장이의 위치에 있는 교만의 극치입니다. 자신이 하나님에 의해 지음 받은 질그릇을 깨닫는다면 결코 하나님의 주권에 대하여 감히 이의를 제기하지 못할 것이며 하나님의 주권에 복종할 뿐입니다. 하나님의 주권에 의해 선택되어 구원받은 은혜를 감사할 뿐입니다.

2) 호세아와 이사야의 예언(25~29절)

하나님의 은혜로 아브라함의 자손이 되어 특별한 은혜로 귀히 쓰는 그릇으로 지음 받은 유대인들이 하나님을 거부하고 우상숭배하고 불순종하는 유대인들을 깨우치기 위하며 하나님의 뜻을 전달하기 위하여 호세아와 이사야를 부르시고 선지자로 사용하셨습니다. 호세아에게 말씀하시기를 창녀인 고멜과 결혼하라 하여 결혼했습니다. 고멜은 선지자와 결혼하고도 음행을 일삼았습니다. 고멜은 음란한 자녀를 낳았습니다. 이는 유대인들의 우상숭배를 지적하는 것이며 하나님이 호세아에게 말씀하시기를 내가 내 백성 아닌 자를 내 백성이라 하고 사랑하지 아니한 자를 사랑한 자라 부르리라 하셨으니 이는 이방인들을 구원하실 하나님의 뜻을 선포하셨습니다. 이사야 선지자를 통하여 말씀하시기를 유대인이 바다의 모래같이 많을지라도 남은 자만 구원받을 것을 말씀합니다. 아브라함의 자손 된 유대인 모두 구원받지 못하고 남은 자 남은 씨 극소수만 구원될 것을 예언합니다.

3) 이스라엘의 과오(30~33절)

하나님께서 유대인들에게 율법의 말씀을 주신 것은 죄를 깨닫고 율법의 말씀을 온전하게 행하여 구원받을 수 없음을 깨닫고 구원은 하나님을 믿으며 예수님을 구세주로 믿을 때 구원받은 길로 인도하실 하나님의 뜻이 계셔서 주신 것입니다. 그러나 유대인들은 하나님의 법 십계명과 모든 율법을 행하여 구원받으려고 집중 노력하여 율법을 많이 지켰으나 완전하게 행하지 못하여 구원받지 못하는 과오를 범한 것입니다. 그러나 이방인들은 하나님의 구원 계획에 따라 하나님을 하나님으로 믿고 예수님을 구세주로 믿음으로 의인되어 구원받는 은혜를 받은 것입니다. 이스라엘 사람들은 믿음을 의지하지 아니하고 행위를 의지하여 율법을 지켜 구원받아 받은 구원을 자랑하려

다 실패하였습니다. 그러므로 유대인들은 믿음으로 얻는 구원의 돌 반석 되시는 예수님에게 부딪혀 넘어졌습니다. 영원한 부끄러움을 당하게 되었습니다. 믿음으로 의인됩니다. 믿음으로 구원받습니다.

✚   아브라함은 하나님을 믿는 믿음으로 의인되었습니다(창 15:6). 예수님을 구세주로 믿을 때 구원받습니다(요 3:16). 믿음을 주셔서 구원 해주시는 하나님의 은혜에 감격하여 감사와 찬송과 경배를 하나님 아 버지에게 돌리시기를 주 예수님의 이름으로 축복합니다. "아멘"

27

로마서 10:1~10
이스라엘의 현재 구원

¹형제들아 내 마음에 원하는 바와 하나님께 구하는 바는 이스라엘을 위함이 니 곧 그들로 구원을 받게 함이라 ²내가 증언하노니 그들이 하나님께 열심이 있으나 올바른 지식을 따른 것이 아니니라 ³.하나님의 의를 모르고 자기 의를 세우려고 힘써 하나님의 의에 복종하지 아니하였느니라 ⁴그리스도는 모든 믿 는 자에게 의를 이루기 위하여 율법의 마침이 되시니라 ⁵모세가 기록하되 율법 으로 말미암는 의를 행하는 사람은 그 의로 살리라 하였거니와 ⁶믿음으로 말 미암는 의는 이같이 말하되 네 마음에 누가 하늘에 올라가겠느냐 하지 말라 하니 올라가겠느냐 함은 그리스도를 모셔 내리려는 것이요 ⁷혹은 누가 무저갱 에 내려가겠느냐 하지 말라 하니 내려가겠느냐 함은 그리스도를 죽은 자 가운 데서 모셔 올리려는 것이라 ⁸그러면 무엇을 말하느냐 말씀이 네게 가까워 네 입에 있으며 네 마음에 있다 하였으니 곧 우리가 전파하는 믿음의 말씀이라 ⁹네가 만일 네 입으로 예수를 주로 시인하며 또 하나님께서 그를 죽은 자 가운

데서 살리신 것을 네 마음에 믿으면 구원을 받으리라 ¹⁰ 사람이 마음으로 믿어 의에 이르고 입으로 시인하여 구원에 이르느니라

로마서 9장에서는 이스라엘의 과거 구원에 대한 말씀을 통하여 하나님께서 이스라엘의 지난 구원의 역사를 베푸심을 보며 은혜를 받았습니다. 하나님은 아브라함을 택하시고 이삭을 택하시고 야곱을 택하시고 야곱의 열두 아들을 통하여 이스라엘 국가와 민족을 세우시고 역사하셨습니다. 그러나 아브라함의 후손이라고 다 구원받는 것이 아니라 말씀합니다. 아브라함의 후손 중에도 선택되어 하나님의 약속받은 자만 구원하십니다. 구원의 주권이 하나님에게만 있음을 말씀합니다. 하나님의 주권적 선택에 대하여 토기장이가 진흙 한 덩어리로 귀하게 쓰는 그릇과 천하게 쓰는 그릇을 만들어 사용하는 주권이 있는 것과 같다 하였습니다. 지음을 받은 그릇이 가부를 말할 수 없다 하였습니다. 그러므로 구원받은 은혜는 예수님을 구주로 믿는 자에게 주시는 하나님의 선물입니다. 로마서 10장에서는 이스라엘 민족을 구원해 가시는 현재의 역사를 말씀합니다.

1) 자기 의를 세우는 신앙(1~3절)

사도 바울은 바울을 죽이려는 유대인들을 형제로 여기고 날마다 아들이 구원받기를 기도하며 전도하기를 힘썼습니다. 우리도 바울 같은 심정으로 믿지 않는 이웃을 위해 기도하고 전도하기를 힘써야 하겠습니다. 유대인들은 하나님에 대한 열심은 있었으나 잘못된 지식

으로 자기 의를 세우려고 하나님의 의를 저버렸습니다. 그러므로 실패하였습니다. 성공적인 신앙생활은 자기 의를 세우는 것이 아니라 하나님의 의를 세우는 것입니다. 이는 자기중심이 아니라 하나님 중심이 되어야 하는 것입니다. 교회를 오래 섬기고 맡은 직분이 중요합니다. 그러나 그보다 더 중요한 것은 내가 하나님 중심으로 신앙생활하고 있는가? 입니다. 내 중심으로 신앙생활하고 있는지를 자신이 살펴 자기중심을 버리고 하나님 중심으로 나아가야 성공적 신앙인이 됩니다. 예배가 내 중심이면 가인의 제사이고 하나님 중심이면 아벨의 제사가 되는 것입니다.

2) 율법의 마침(4~7절)

예수님이 의인으로 오셔서 십자가에서 죽으시고 부활하심으로 율법이 끝났습니다. 율법의 마침이란 율법을 행함으로 구원받는 것이 아니고 예수님을 믿음으로 구원받는다는 말씀입니다. "선악을 알게 하는 나무의 열매를 먹는 날에는 반드시 죽으리라"(창 2:17) 하신 말씀 따라 선악을 알게 하는 나무의 열매를 따먹고 그 남편에게도 주매 그도 먹은지라(창 3:16)의 법이 십자가 형틀에서 다 이루었다 하시고 영혼이 떠나가심으로(요 19:30) 율법의 마침이 된 것입니다. 본문에서 말씀하신대로 누가 하늘로 올라가겠느냐 무저갱으로 내려가겠느냐의 말씀은 모세를 통하여 하신 말씀입니다(신 30:11-14). 이 말씀의 의미는 하나님의 말씀이 하늘에 있거나 바다 건너 있어 가져올 수 없으므로 먼 것이 아니라 우리 마음에 입에 있다하여 가까이 있음을 말씀합니다. 그러므로 믿음의 구원에 복음은 먼 데 있는 것이 아니고 우리 마음에 있음으로 행할 수 있습니다.

3) 믿음으로 얻는 구원(8~10절)

구원 얻는 믿음의 말씀이 우리 마음과 입에 있으므로 우리가 전도 하는 것은 믿음의 말씀이라 말씀합니다. 신비주의자의 주장처럼 환상 을 보거나 꿈을 꾸거나 신비적인 체험이 있어야 구원받는 것이 아닙 니다. 그리고 금욕주의자들의 주장처럼 금식을 많이 하거나 몸으로 고행을 많이 겪어야 구원받는 것이 아닙니다. 그리고 이단자의 주장 처럼 자기의 교주가 구원을 주는 것이 아닙니다. 오직 예수님을 구주 로 믿는 믿음으로 구원받습니다. 예수님이 내 죄를 위해 십자가에서 대속 제물로 죽으신 것을 마음에 믿고 입으로 시인하는 자가 구원받는 다 말씀하십니다. 이 세상에서 사람들 앞에 시인은 배운 지식으로 할 수 있으나 하나님 앞에 서서 시인은 지식으로 하는 시인이 아니라 마 음에 있는 신앙고백만이 가능합니다. 믿음이란 영접을 의미합니다. 예 수님을 믿는다는 것은 예수님을 내 마음에 구세주로 모시는 것입니다. 예수님을 마음에 영접한 사람은 예수님을 주인으로 모시고 살아가는 것입니다. 이런 자가 하나님 앞에서 진정한 고백이 되는 것입니다.

✚　　하나님은 과거에도 구원의 역사를 이루셨고 지금도 우리의 삶 의 현장에서 구원의 복음으로 역사하십니다. 구원 얻는 믿음으로 영원 한 승리자 되시기를 주 예수님의 이름으로 축복합니다. "아멘"

28

로마서 10:11~21

믿음으로 얻는 구원

¹¹ 성경에 이르되 누구든지 그를 믿는 자는 부끄러움을 당하지 아니하리라 하니 ¹² 유대인이나 헬라인이나 차별이 없음이라 한 분이신 주께서 모든 사람의 주가 되사 그를 부르는 모든 사람에게 부요하시도다 ¹³ 누구든지 주의 이름을 부르는 자는 구원을 받으리라 ¹⁴ 그런즉 그들이 믿지 아니하는 이를 어찌 부르리요 듣지도 못한 이를 어찌 믿으리요 전파하는 자가 없이 어찌 들으리요 ¹⁵ 보내심을 받지 아니하였으면 어찌 전파하리요 기록된 바 아름답도다 좋은 소식을 전하는 자들의 발이여 함과 같으니라 ¹⁶ 그러나 그들이 다 복음을 순종하지 아니하였도다 이사야가 이르되 주여 우리가 전한 것을 누가 믿었나이까 하였으니 ¹⁷ 그러므로 믿음은 들음에서 나며 들음은 그리스도의 말씀으로 말미암았느니라 ¹⁸ 그러나 내가 말하노니 그들이 듣지 아니하였느냐 그렇지 아니하니 그 소리가 온 땅에 퍼졌고 그 말씀이 땅 끝까지 이르렀도다 하였느니라 ¹⁹ 그러나 내가 말하노니 이스라엘이 알지 못하였느냐 먼저 모세가 이르되 내가 백성

아닌 자로써 너희를 시기하게 하며 미련한 백성으로써 너희를 노엽게 하리라 하였고 20 이사야는 매우 담대하여 내가 나를 찾지 아니한 자들에게 찾은 바 되고 내게 묻지 아니한 자들에게 나타났노라 말하였고 21 이스라엘에 대하여 이르되 순종하지 아니하고 거슬러 말하는 백성에게 내가 종일 내 손을 벌렸노라 하였느니라

아브라함이 여호와를 믿으니 여호와께서 이를 그의 의로 여기심으로 하나님이 믿음의 조상으로 삼으셨습니다(창 15:6). 아브라함이 많은 실수가 있었습니다. 그러나 하나님은 행위를 기준하지 아니하시고 믿음을 기준하여 의인으로 세우시고 믿음의 자손을 세워 믿음의 역사로 인류를 구원하셨습니다. 그러므로 이와 같이 예수님을 구세주로 믿을 때 구원받습니다. 예수님이 하나님의 아들로서 여자의 후손으로 사람의 몸을 입고 의인으로 이 세상에 오셔서 죄인들을 구원하기 위해 십자가에서 속죄 제물로 대신 죽으셨습니다. 이 복음을 듣고 믿음으로 세례를 받는 사람들에게 죄 사함을 주시고 성령의 역사로 예수님을 영접하여 예수님을 믿어지는 믿음으로 구원받아 하나님의 자녀가 되는 것입니다. 구원받는 믿음은 성령님이 내 안에 계셔서 믿어지는 믿음으로 구원받는 것입니다.

1) 믿음의 보편성(11~13절)

하나님이 말씀하시기를 누구든지 예수님을 구주로 믿는 사람은 영원한 부끄러움을 당하지 않는다 하셨습니다. 지옥가지 않는다는

말씀입니다. 우리가 이 세상에서 당하는 부끄러움은 잠깐 지나가는 것이지만 지옥 가는 부끄러움은 영원한 부끄러움입니다. 남자나 여자나, 부자나 가난한 자나, 유식한 자나 무식한 자나, 건강한 자나 건강하지 못한 자나, 부지런한 자나 게으른 자나, 동양인이나 서양인이나 차별이 없습니다. 누구든지 예수님이 동정녀 마리아에게서 나셔서 의인으로 오셔서 죄인 된 나를 위해 십자가에서 죽으시고 삼일 만에 부활하시고 하늘에 승천하셔서 하나님 우편에 계시다가 심판의 주님으로 다시 오실 예수님을 구주로 믿으면 구원받습니다. 믿음으로 예수님을 부르는 사람이 구원받습니다.

2) 구원의 과정(14~17절)

누구든 예수님을 구주로 믿고 예수님을 주인으로 인정하고 예수님을 부르는 사람은 구원받는다고 말씀하셨습니다. 예수님을 주인으로 부르려면 믿음이 있어야 합니다. 믿음이 있으려면 그리스도의 말씀, 복음을 들어야 합니다. 복음을 전하는 자의 발이 아름답다 하셨고 하나님께서 전도자로 보내셨기에 전도한다 하셨습니다. 예수 믿고 구원받은 우리는 전도자로 하나님께서 우리가 살고 있는 현장으로 보내서 여러 사람을 만나게 하므로 기회를 놓치지 말고 전도해야 합니다. 우리가 전하는 복음을 듣고 믿음이 생겨서 구원받는 사람들이 늘어나는 것입니다. 그러므로 여러 가지 방법을 동원해서 믿지 않는 사람들이 복음을 듣도록 도와주어야 하고 믿는 우리도 우리의 믿음이 견고해지도록 복음을 듣는 일에 힘써야 합니다.

3) 하나님의 구원(18~21절)

구원의 복음이 땅 끝까지 전파되고 있으나 사람들이 들으려고 하지 않는다고 말씀합니다. 그러므로 하나님은 유대인들이 복음을 듣고 예수 믿고 구원받기를 계속 기다리고 있으나 복음을 거부하고 있다고 말씀합니다. 그러므로 하나님은 모세를 통하여 말씀하시기를 내 백성 아닌 이방인들을 구원하여 유대인들을 시기 나게 한다 하셨고 이방들의 구원으로 유대인들을 노엽게 한다 하셨습니다. 그리고 이사야 선지자를 통하여 말씀하시기를 하나님을 찾지도 않고 하나님에게 묻지도 않는 이방인들에게 하나님이 나타나 말씀하시고 구원하실 것을 말씀합니다. 선지자들을 통하여 말씀한 대로 이방인인 우리가 예수 믿고 구원받게 되는 은혜를 입은 것입니다. 하나님은 유대인이나 이방인이나 차별이 없이 다 예수 믿고 구원받기를 원하시며 구원받는 길로 인도하고 계신 것입니다.

✚　　　우리는 하나님의 은혜로 예수 믿고 구원받아 하나님의 자녀가 되었습니다. 구원의 복음을 더 많은 사람들에게 전하는 아름다운 발이 되시기를 주 예수님의 이름으로 축복합니다. "아멘"

29

로마서 11:1~10

남은 자 구원

¹ 그러므로 내가 말하노니 하나님이 자기 백성을 버리셨느냐 그럴 수 없느니라 나도 이스라엘인이요 아브라함의 씨에서 난 자요 베냐민 지파라 ² 하나님이 그 미리 아신 자기 백성을 버리지 아니하셨나니 너희가 성경이 엘리야를 가리켜 말한 것을 알지 못하느냐 그가 이스라엘을 하나님께 고발하되 ³ 주여 그들이 주의 선지자들을 죽였으며 주의 제단들을 헐어 버렸고 나만 남았는데 내 목숨도 찾나이다 하니 ⁴ 그에게 하신 대답이 무엇이냐 내가 나를 위하여 바알에게 무릎을 꿇지 아니한 사람 칠천 명을 남겨 두었다 하셨으니 ⁵ 그런즉 이와 같이 지금도 은혜로 택하심을 따라 남은 자가 있느니라 ⁶ 만일 은혜로 된 것이면 행위로 말미암지 않음이니 그렇지 않으면 은혜가 은혜 되지 못하느니라 ⁷ 그런즉 어떠하냐 이스라엘이 구하는 그것을 얻지 못하고 오직 택하심을 입은 자가 얻었고 그 남은 자들은 우둔하여졌느니라 ⁸ 기록된 바 하나님이 오늘까지 그들에게 혼미한 심령과 보지 못할 눈과 듣지 못할 귀를 주셨다 함과 같으니

라 [9]또 다윗이 이르되 그들의 밥상이 올무와 덫과 거치는 것과 보응이 되게 하시옵고 [10]그들의 눈은 흐려 보지 못하고 그들의 등은 항상 굽게 하옵소서 하였느니라

범죄 한 아담의 후손 중에 가인과 아벨이 있었는데 가인이 예배 실패로 동생 아벨을 때려 죽여 최초의 살인자가 되었으므로 가인은 남은 자의 복에서 탈락되고 아벨 대신 셋이 태어나 셋이 남은 자 되어 구원의 가계를 이어갔습니다. 아브라함에게 여러 아들이 있었으나 하나님의 언약으로 태어난 이삭이 남은 자가 되었으며 이삭의 아들 중에 에서와 야곱이 있었는데 에서는 장자의 명분을 소홀이 여김으로 남은 자의 반열에서 탈락되고 장자의 명분을 귀중히 여겨 사모한 야곱에게 남은 자가 되는 복을 받았습니다. 이 세상에는 60억이 넘는 사람들이 살고 있습니다. 그러나 예수를 구주로 믿고 구원받아 하나님의 자녀가 된 사람만 구원받아 남은 자가 되는 것입니다. 우리는 남은 자가 되어 성전에 나아와 거룩한 주일을 하나님 아버지께 드리며 하나님의 말씀을 듣고 하나님을 찬양하며 기도하는 것입니다.

1) 하나님의 사랑과 엘리야의 고발(1~3절)

하나님은 사랑의 하나님이십니다. 하나님이 세상을 이처럼 사랑하사 독생자 예수님을 이 땅에 보내시고 대속 제물로 죽게 하시고 우리를 구원하려 하시나 믿지 아니하고 거부하는 이스라엘 민족을 버리지 아니하시고 남은 자로 있게 하신다 말씀하십니다. 엘리야가 하

나님께 고발하기를 이스라엘 모든 민족이 바알을 섬기며 바알에게 무릎 꿇었고 나만 홀로 하나님만 섬기고 바알에게 무릎 꿇지 않았다고 하였습니다. 그러나 하나님이 말씀하시기를 바알에게 무릎 꿇지 않은 7000명이 있다 하셨습니다. 간혹 엘리야처럼 생각하여 '나만 혼자 은혜 가운데 있고 모든 사람이 하나님을 떠나 세속적이다.' 단정 짓는 사람이 있습니다. 내가 하나님의 은혜로 남은 자 되어 하나님을 섬기듯이 내가 알지 못하는 이웃들 중에 하나님의 은혜로 남은 자 되어 역사하는 사람들이 있습니다. 우리는 하나님의 은혜로 사랑으로 남은 자의 복을 받은 것 입니다.

2) 남은 자 7000명(4~6절)

엘리야가 하나님께 "주여 그들이 선지자들을 죽였으며 주의 제단들을 헐어버렸고 나만 남았는데 내 목숨도 찾나이다" 하는 엘리야의 고발을 들으신 하나님께서 말씀하시기를 나를 위하여 바알에게 무릎을 꿇지 아니한 사람 7000명을 남겨주셨다 하셨습니다. 그러므로 지금도 하나님의 은혜로 택하심을 받아 남은 자가 있습니다. 남은 자란 그 중의 십분의 일이 아직 남아 있을지라도 이것도 황폐하게 될 것이라 밤나무와 상수리나무가 베임을 당하여도 그루터기는 남아있는 것 같이 거룩한 씨가 이 땅의 그루터기니라(사 6:13) 하신 말씀처럼 남은 자 된 것은 남은 자의 노력으로 된 것이 아니라 남은 자되게 하신 하나님의 은혜로 된 것입니다. 그러므로 나 같은 죄인 살리신 구속의 은혜를 감사하며 하나님께 나아가는 것입니다. 만일 남은 자 된 것이 은혜로 된 것이면 행위로 된 것이 아닙니다. 그렇지 않으면 은혜가 은혜 되지 못합니다. 전적인 하나님의 은혜로 된 것입니다.

3) 택하심의 복(7~10절)

이스라엘 민족은 믿음의 조상 아브라함의 후손으로 태어나 할례를 받고 율법을 행하므로 구원받을 것을 구하였습니다. 그러므로 이들은 할례를 받고 율법을 열심히 행하였으나 구원받지 못했습니다. 그러므로 이스라엘 민족 중에 구원받지 못한 사람들은 아브라함의 후손으로 태어났으나 선택하심의 복을 받지 못하여 구원받지 못한 것입니다. 택하심을 받지 못한 이스라엘 사람들은 심령이 혼미합니다. 그러므로 영적인 눈이 가려져서 하나님의 역사를 보지 못하는 것입니다. 영적인 귀가 어두워져서 하나님의 음성이 선포되도 듣지 못하는 것입니다. 그러므로 그들은 육신의 욕구를 물질로 채우려고 살아가며 근본적으로 구부러진 의식을 가지고 있어 예수님을 십자가에 못 박아 죽이는 죄를 짓는 것입니다. 구원은 선택의 복을 받은 사람들의 선물이며 은혜가 은혜된 것입니다.

✚   주일을 드리는 우리 모두는 하나님의 전적인 은혜로 선택되어 남은 자로 구원의 복을 받은 것입니다. 은혜가 은혜되니 하나님께 영광 돌리는 일생이 되기를 주 예수님의 이름으로 축복합니다. "아멘"

30

로마서 11:11~24

이방인의 구원과 경고

¹¹ 그러므로 내가 말하노니 그들이 넘어지기까지 실족하였느냐 그럴 수 없느니라 그들이 넘어짐으로 구원이 이방인에게 이르러 이스라엘로 시기나게 함이니라 ¹² 그들의 넘어짐이 세상의 풍성함이 되며 그들의 실패가 이방인의 풍성함이 되거든 하물며 그들의 충만함이리요 ¹³ 내가 이방인인 너희에게 말하노라 내가 이방인의 사도인 만큼 내 직분을 영광스럽게 여기노니 ¹⁴ 이는 혹 내 골육을 아무쪼록 시기하게 하여 그들 중에서 얼마를 구원하려 함이라 ¹⁵ 그들을 버리는 것이 세상의 화목이 되거든 그 받아들이는 것이 죽은 자 가운데서 살아나는 것이 아니면 무엇이리요 ¹⁶ 제사하는 처음 익은 곡식 가루가 거룩한즉 떡덩이도 그러하고 뿌리가 거룩한즉 가지도 그러하니라 ¹⁷ 또한 가지 얼마가 꺾이었는데 돌감람나무인 네가 그들 중에 접붙임이 되어 참감람나무 뿌리의 진액을 함께 받는 자가 되었은즉 ¹⁸ 그 가지들을 향하여 자랑하지 말라 자랑할지라도 네가 뿌리를 보전하는 것이 아니요 뿌리가 너를 보전하는 것이니라 ¹⁹ 그러

면 네 말이 가지들이 꺾인 것은 나로 접붙임을 받게 하려 함이라 하리니 ²⁰옳도다 그들은 믿지 아니하므로 꺾이고 너는 믿으므로 섰느니라 높은 마음을 품지 말고 도리어 두려워하라 ²¹하나님이 원 가지들도 아끼지 아니하셨은즉 너도 아끼지 아니하시리라 ²²그러므로 하나님의 인자하심과 준엄하심을 보라 넘어지는 자들에게는 준엄하심이 있으니 너희가 만일 하나님의 인자하심에 머물러 있으면 그 인자가 너희에게 있으리라 그렇지 않으면 너도 찍히는 바 되리라 ²³그들도 믿지 아니하는 데 머무르지 아니하면 접붙임을 받으리니 이는 그들을 접붙이실 능력이 하나님께 있음이라 ²⁴네가 원 돌감람나무에서 찍힘을 받고 본성을 거슬러 좋은 감람나무에 접붙임을 받았으니 원 가지인 이 사람들이야 얼마나 더 자기 감람나무에 접붙이심을 받으랴

이 세상에는 크게 두 종류의 사람들이 살고 있다고 볼 수 있습니다. 유대인과 이방인입니다. 유대인이란 아브라함의 후손으로 태어나 아브라함에게 주신 언약을 따라 하나님의 자녀로 살아가는 사람들입니다. 이들은 태어나자마자 8일 만에 할례를 받고 십계명을 중심으로 살아가는 사람들입니다. 그러므로 이들의 경건생활은 모든 사람들의 모범이 되었습니다. 다음은 이방인입니다. 이방인은 하나님의 언약이나 약속이 없는 아브라함의 후손이 아닌 사람으로서 세상에 관심을 갖고 땅의 것만 바라보고 살아가는 사람들입니다. 그러나 하나님은 아브라함의 후손만의 하나님이 아니시고 모든 이방인의 하나님도 되십니다. 그러므로 유대인들이 예수님을 구주로 믿지 아니하므로 참감람나무를 꺾으시고 이방인인 돌감람나무를 참감람나

무에 접붙여 참가람나무의 진액을 받아 참감람나무의 열매를 맺게 하였습니다. 그러므로 겸손히 주님을 섬겨야 합니다.

1) 이방인의 구원과 직분(11~15절)

유대인들이 아브라함의 후손으로서 율법을 행함으로 구원받으려고 고집하다가 실족하여 넘어짐은 영원히 넘어짐이 아니라 일시적입니다. 일시적이지만 유대인의 실족으로 복음이 이방인들에게 들어와 예수 믿고 구원받은 것입니다. 유대인들의 실패가 이방인들에게는 구원의 역사가 풍성하여 충만하게 되는 은혜가 된 것입니다. 그러므로 이방인의 구원을 보고 유대인들이 시기가 나서 복음이신 예수님께 돌아와 구원받을 것을 말씀합니다. 특별히 사도 바울은 이방의 사도로서 자기의 직분을 영광스럽게 여겼습니다. 사람은 누구나 일평생 여러 가지 사명을 감당하며 살아갑니다. 우리도 사도 바울같이 우리가 받은 하나님의 일을 위한 직분을 영광스럽게 여겨야 합니다. 나같이 부족한 사람에게 구원해주셔서 하나님의 자녀 되게 하심도 감사한데 주님의 몸 된 교회를 섬기며 복음을 전하며 살아가는 직분을 영광스럽게 여겨 자원하여 사명 감당하므로 아름다운 열매를 많이 맺어야 합니다.

2) 접붙임 받은 은혜(16~19절)

하나님께 드려진 제물이 거룩하므로 예배가 거룩한 것입니다. 유대인의 뿌리인 아브라함의 믿음의 거룩한 역사로 세워진 참감람나무입니다. 그러나 참감람나무인 유대인들이 예수님을 구세주로 믿지 아니하므로 꺾으시고 돌감람나무인 이방인들에게 예수님을 구주로 믿게 하기 위하여 참감람나무에게 접붙이신 것입니다. 아브라함의 후손으로 태어나지 아니한 이방인인 우리가 돌감람나무인 우리가 예수 믿고 구원받은 것은 하나님의 특별하신 전적인 은혜입니다. 그러므로 참감람나무의 진액을 받아 참감람나무의 열매를 맺는 것입니다. 원래 돌감람나무는 열매를 맺지 못한다고 합니다. 그러므로 우리는 하나님의 은혜를 날마다 공급받아야 살아갈 수 있습니다. 접붙임을 받은 우리는 예수님을 떠나면 말라서 죽어버리게 됩니다. 우리 모두 참감람나무인 예수님에게로부터 올라오는 은혜의 생명을 공급받아 날마다 은혜가 풍성한 삶을 살아가며 풍성한 열매를 맺는 것입니다.

3) 이방인 자만 경고(20~24절)

유대인들이 예수님을 구주로 믿지 아니하므로 하나님이 꺾으시고 이방인인 우리를 예수님을 구세주로 믿음으로 구원받은 하나님의 자녀로 서게 하셨습니다. 그러므로 높은 데 마음을 두어 교만하지 말아야 합니다. 구원받음이 자기의 노력으로 된 것처럼 자기를 자랑하지 말아야 합니다. 도리어 두려워하라 하셨습니다. 사도 바울의 고백처럼 두렵고 떨림으로 구원을 이루라 하였습니다(빌 2:12). 예수님을 믿지 않는 유대인들도 아끼지 않고 꺾으신 하나님께서 이방인들이 믿지 않는다면 하나님이 꺾으실 것을 말씀합니다. 그러므로 하나님의 인자하심만 바라보고 자만하거나 안주하면 안 됩니다. 하나님의 준엄하심을 바라보고 두렵고 떨리는 마음으로 믿음을 지켜야 합니다. 사단 마귀는 언제나 우리에게 약점을 고발하여 좌절하게 하거나 장점을 칭찬하여 교만하도록 유도합니다. 우리는 약점 때문에 더 겸손하여 은혜받아 새 힘 얻고 장점을 주신 하나님께 감사하며 나아가는 것입니다.

✛ 돌감람나무인 우리들이 참감람나무에 접붙임으로 참감람나무의 진액을 받아 참감람나무의 열매를 맺게 하신 하나님께 감사 감격하여 영광을 돌리시기를 주 예수님의 이름으로 축복합니다. "아멘"

31

로마서 11:25~36

이스라엘 구원과 섭리

25 형제들아 너희가 스스로 지혜 있다 하면서 이 신비를 너희가 모르기를 내가 원하지 아니하노니 이 신비는 이방인의 충만한 수가 들어오기까지 이스라엘의 더러는 우둔하게 된 것이라 26 그리하여 온 이스라엘이 구원을 받으리라 기록된 바 구원자가 시온에서 오사 야곱에게서 경건하지 않은 것을 돌이키시겠고 27 내가 그들의 죄를 없이 할 때에 그들에게 이루어질 내 언약이 이것이라 함과 같으니라 28 복음으로 하면 그들이 너희로 말미암아 원수 된 자요 택하심으로 하면 조상들로 말미암아 사랑을 입은 자라 29 하나님의 은사와 부르심에는 후회하심이 없느니라 30 너희가 전에는 하나님께 순종하지 아니하더니 이스라엘이 순종하지 아니함으로 이제 긍휼을 입었는지라 31 이와 같이 이 사람들이 순종하지 아니하니 이는 너희에게 베푸시는 긍휼로 이제 그들도 긍휼을 얻게 하려 하심이라 32 하나님이 모든 사람을 순종하지 아니하는 가운데 가두어 두심은 모든 사람에게 긍휼을 베풀려 하심이로다 33 깊도다 하나님의 지혜와 지식의

풍성함이여, 그의 판단은 헤아리지 못할 것이며 그의 길은 찾지 못할 것이로다 ^{34} 누가 주의 마음을 알았느냐 누가 그의 모사가 되었느냐 ^{35} 누가 주께 먼저 드려서 갚으심을 받겠느냐 ^{36} 이는 만물이 주에게서 나오고 주로 말미암고 주에게로 돌아감이라 그에게 영광이 세세에 있을지어다 아멘

하나님이 에덴동산에서 "먹지 말라 먹으면 반드시 죽으리라"하신 선악과를 따먹은 아담과 하와에게 여자의 후손을 통하여 허물과 죄로 죽은 사람들을 구원하실 것을 하나님이 약속하셨습니다. 하나님은 아브라함과 이삭과 야곱을 택하시고 유다지파의 계보에서 다윗을 택하시고 다윗의 계보에서 예수 그리스도가 태어나게 하시고 죄인들을 구원하는 속죄 제물로 십자가에서 죽으심으로 십자가의 은혜로 속죄함을 받아 세례를 받는 사람은 예수님의 부활의 생명으로 나아가 하나님의 사람으로 성화되어져 가게 하셨습니다. 예수님의 제자들과 예수님을 믿는 유대인들이 성령 충만 받아 이스라엘 민족에게 복음을 전했으나 거부하므로 하나님은 이방인들에게 복음의 문을 열어 믿게 하심으로 하나님의 계획된 수가 차면 이방인들을 통해 복음이 유대인들에게 전도되어 유대인들이 예수 믿고 구원받도록 섭리하실 것을 말씀합니다.

1) 이스라엘 회복의 신비(25~27절)

사도 바울은 하나님의 구원이 신비라고 말씀합니다. 이 신비는 하나님의 은혜가 있어야 깨달아 알게 됩니다. 현재 유대인들이 복음을

거부하고 있으나 이방인들의 구원받기로 작정된 수가 차면 유대인들이 예수 믿고 구원받을 것을 말씀합니다. 이스라엘 나라에 살고 있는 유대인들은 메시아를 현재도 기다리며 구약시대를 살아가고 있습니다. 이스라엘 나라에서 선교하는 선교사들의 보고에 의하면 유대인 가운데 급속도로 예수님을 구주로 믿고 돌아오는 사람들이 많아지고 있다고 합니다. 이는 사도 바울을 통한 예언이 성취되고 있는 것입니다. 예수님이 말씀하시기를 이스라엘이 멸망하고 독립하면 예수님의 재림이 문 밖에 이른 줄 알라 하셨습니다(마 24:32 -33). 이스라엘 나라는 AD 70년 로마에 의해 멸망했습니다. AD 1948년에 이스라엘 나라가 독립했습니다. 지금이 예수님의 재림이 곧 가까이 오고 있음을 준비하는 우리 모두 되어야 합니다.

2) 유대인 구원의 긍휼(28~32절)

이스라엘 민족은 복음이신 예수님을 믿지 아니하므로 하나님과 원수 되었으며 믿는 자와도 원수가 되었습니다. 그러나 이스라엘 민족은 선택받은 아브라함의 후손으로 태어나 하나님의 사랑을 받은 자들입니다. 이방인인 우리도 구원받기 전에는 하나님을 믿지 않고 순종하지 않았으나 유대인들의 구원의 긍휼이 이방인에게 임하여 구원의 수가 다 차면 이방인에게 베푸신 구원의 긍휼이 유대인들에게 임하여 유대인들이 예수 믿고 구원받아 하나님의 자녀가 될 것입니다. 하나님의 구원의 긍휼은 이방인과 유대인에게 동일하게 주십니다. 그러므로 하나님의 부르심의 구원은 후회되지 않습니다. 유대인들을 통한 복음 전파가 이방인들에게 전달되어 이방인들이 구원받았습니다. 이제는 이방인들을 통한 복음전도로 유대인들이 예수 믿고 구원받을 것입니다.

3) 하나님의 섭리 찬양(33~36절)

하나님의 지혜와 지식의 풍성함의 깊이를 사람이 온전히 헤아릴 수 없습니다. 사람이 하나님의 길을 온전히 찾을 수 없습니다. 어찌 피조물인 사람이 우리를 창조하신 조물주 하나님을 알 수 있겠습니까? 알 수 있다면 하나님의 은혜로 알게 하신 만큼만 알 것입니다. 그러므로 하나님의 지혜를 구하는 것입니다(약 1:5). 어떤 사람도 하나님의 마음을 온전히 아는 사람은 없습니다. 하나님이 알게 하시는 만큼만 알 수 있을 것입니다. 그러므로 성령 충만해야 합니다. 하나님의 은혜로 존재하는 사람들이 하나님께 먼저 드려 갚으심을 받을 사람도 없습니다. 먼저 받았으니 감사할 뿐입니다. 모든 만물이 하나님으로부터 창조되었고 하나님의 섭리하심으로 존재하고 하나님에 의해 하나님께로 돌아가는 것입니다. 그러므로 하나님께만 세세토록 영광이 있는 것입니다. 그러므로 우리 인생들은 하나님의 섭리에 순종하며 하나님이 주시는 은혜에 감사하며 하나님이 주신 복에 만족하며 주 안에서 행복하게 살아가며 하나님 아버지께 영광을 돌리는 것입니다.

✚ 　　　허물과 죄로 죽었던 유대인이나 이방인을 구원하시는 하나님

의 긍휼에 감사하며 하나님께 영광 돌리시기를 주 예수님의 이름으로 축복합니다. "아멘"

3부

구원받은 자의 열매

32

로마서 12:1~2

하나님에 대한 성도의 의무

¹ 그러므로 형제들아 내가 하나님의 모든 자비하심으로 너희를 권하노니 너희 몸을 하나님이 기뻐하시는 거룩한 산 제물로 드리라 이는 너희가 드릴 영적 예배니라 ² 너희는 이 세대를 본받지 말고 오직 마음을 새롭게 함으로 변화를 받아 하나님의 선하시고 기뻐하시고 온전하신 뜻이 무엇인지 분별하도록 하라

우리는 예수님을 구세주로 믿고 구원받아 하나님의 자녀가 되었습니다. 하나님의 자녀가 되었으니 자녀의 의무가 따르는 것입니다. 자녀로서 의무를 못하면 책망과 부끄러움을 당할 것이며 의무를 성실하게 감당하면 하나님 아버지의 칭찬과 상급과 보너스 사랑을 받게 될 것입니다. 지금까지 살아오면서 나는 얼마나 성실하게 의무를 감당했는지 살펴보시고 의무를 감당하지 못한 부분을 회개하고 성실하게 감당하기를 힘써야 할 것입니다. 그리고 성실하게 감당했다면

천국 가는 그날까지 충성되이 자녀의 의무를 더 잘 감당하므로 영원한 승리자가 되어야 하겠습니다. 하나님 아버지가 원하는 대로 아버지의 뜻대로 자녀로서 의무를 감당해야 하므로 언제나 아버지의 뜻을 찾아 의무를 감당하는 것입니다.

1) 예배 의무(1절)

예배의 의미는 최상의 가치를 최상의 하나님께 올려드리는 최상의 행위입니다. 우리가 드리는 예배는 하나님을 위해 하나님께 드리는 예절 있는 경배입니다. 하나님이 원하시는 방법대로 예배를 드릴 자녀들의 의무가 있는 것입니다. 구약시대는 소나 양이나 염소를 잡아 제사를 드렸습니다. 이는 죄 없는 예수님이 우리를 위해 속죄 제물로 드리는 예표입니다. 그러므로 너희 몸을 하나님이 기뻐하시는 산 제물로 하나님께 드리라 말씀합니다. 예배는 주일예배의 삶으로 삶의 현장으로 계속되는 것입니다. 그러므로 값으로 산 것이 되었으니 그런즉 너희 몸으로 하나님께 영광을 돌리라(고전 6:20), 그리고 하나님은 영이시니 예배하는 자가 영과 진리로 예배할찌니라 하신 말씀에 순종하여 영적 예배 성령 충만한 예배를 드려야 합니다(요 4:23~24). 예배는 믿음으로 드려야 하나님이 기뻐 받으십니다(히 11:6).

2) 변화의 의무(2절상)

예수님을 구세주로 믿고 구원받은 하나님의 자녀들은 신분이 변화된 것입니다. 예수 믿기 전에는 마귀의 자녀 된 신분으로 마귀의 요구대로 죄에 대한 거부감 없이 지옥의 삶을 살면서 지옥으로 달려갔습니다. 그러나 이제는 거룩하신 하나님의 자녀가 되었으니 천국 백성이 된 것입니다. 그러므로 죄를 거부하며 살아가는 하나님의 자녀로 변화되는 삶을 살아가는 의무가 있습니다. 거룩하신 하나님의 자녀가 되었으니 이 세대를 본받지 말고 마음을 새롭게 하므로 변화되어 생각, 마음, 말, 행동으로 성령의 열매를 맺는 삶을 살아가는 것입니다. 우리는 예수님의 마음을 품고 죽기까지 복종하시는 예수님을 닮아가며 살아가는 제자들이 되어야 합니다(빌 2:5-8). 성령님의 도움을 구하면 성령님이 변화의 열매를 맺게 할 것입니다(갈 5:22~23).

3) 하나님의 뜻대로 사는 의무(2절하)

하나님의 자녀가 되었으니 하나님 아버지의 선하시고 기뻐하시고 온전하신 뜻이 무엇인지 분별하여 행동하라 하십니다. 하나님의 선하신 뜻은 죄악으로 말미암아 심판받아 지옥으로 살아가는 영혼들을 구원하시기 위해 자신의 독생자 외아들을 이 세상에 보내시고 십자가에서 속죄 제물로 죽게 하시고 우리를 구원하신 하나님 아버지의 선하신 뜻을 알고 하나님의 뜻대로 영혼구원에 힘쓸 의무가 있습니다(요 3:16). 그리고 가산을 탕진하고 부끄러운 모습으로 돌아온 아들을 기뻐하여 맞아드리고 잔치하며 즐거워하시는 하나님 아버지의 마음을 알아 잃어버린 영혼구원을 위해 힘써야 하겠습니다(눅 15:11~32). 하나님이 우리를 택하시고 구원하신 것은 열매를 맺기 위함이라 하셨습니다(요 15:16). 하나님의 뜻대로 살아 많은 열매로 하나님께 영광을 돌리는 것입니다.

✝   하나님의 자녀 된 의무, 예배의 의무, 변화의 의무, 하나님의 뜻 대로 살아가는 의무에 충실하여 하나님께 영광을 돌리고 하나님을 기 쁘시게 하는 은혜가 있기를 주 예수님의 이름으로 축복합니다. "아멘"

33

---◆---

로마서 12:3~13
교회에 대한 성도의 의무

³내게 주신 은혜로 말미암아 너희 각 사람에게 말하노니 마땅히 생각할 그 이상의 생각을 품지 말고 오직 하나님께서 각 사람에게 나누어 주신 믿음의 분량대로 지혜롭게 생각하라 ⁴우리가 한 몸에 많은 지체를 가졌으나 모든 지체가 같은 기능을 가진 것이 아니니 ⁵이와 같이 우리 많은 사람이 그리스도 안에서 한 몸이 되어 서로 지체가 되었느니라 ⁶우리에게 주신 은혜대로 받은 은사가 각각 다르니 혹 예언이면 믿음의 분수대로, ⁷혹 섬기는 일이면 섬기는 일로, 혹 가르치는 자면 가르치는 일로, ⁸혹 위로하는 자면 위로하는 일로, 구제하는 자는 성실함으로, 다스리는 자는 부지런함으로, 긍휼을 베푸는 자는 즐거움으로 할 것이니라 ⁹사랑에는 거짓이 없나니 악을 미워하고 선에 속하라 ¹⁰형제를 사랑하여 서로 우애하고 존경하기를 서로 먼저 하며 ¹¹부지런하여 게으르지 말고 열심을 품고 주를 섬기라 ¹²소망 중에 즐거워하며 환난 중에 참으며 기도에 항상 힘쓰며 ¹³성도들의 쓸 것을 공급하며 손 대접하기를 힘쓰라

대부분 전도자를 따라 교회에 나와 복음을 듣고 예수 믿고 구원받아 하나님의 자녀가 됩니다. 성도는 계속해서 교회에서 선포되는 말씀을 받아먹고 신앙이 성장합니다. 그리고 교회에서 신앙교육 받음으로 예수님을 닮아가는 그리스도인이 되어 빛과 소금의 사명을 감당하는 열매를 맺습니다. 어떤 사람들은 교회가 마음에 들지 않는다고 교회 출석을 거부하고 TV와 함께 예배드리면서 교회를 증오하는 사람들이 있습니다. 학생이 학교의 규범을 적응하며 선생님의 가르침에 순종해야 모범학생이 되는 것과 같습니다. 교회에 순종하지 못하는 자신에게 문제가 있음을 알아야 합니다. 주는 그리스도시요 살아계신 하나님의 아들임을 고백하는 베드로에게 이 반석 위에 내 교회를 세우리니 음부의 권세가 이기지 못하리라 예수님이 말씀하셨습니다(마 16:16-18). 이 신앙고백 위에 세워진 교회가 2000여 년 동안 계속 역사하는 것입니다.

1) 교회와 지체(3~5절)

교회의 머리는 예수님이십니다(엡 5:23). 그러므로 교회는 예수님의 몸입니다(골 1:18). 예수 믿고 구원받은 하나님의 자녀들은 예수님의 몸이 된 교회에 붙어있는 지체입니다. 그러므로 각자 자신이 맡은 지체된 기능의 역할을 잘 감당하면 되는 것입니다. 그러나 교회 안에는 자신이 받은 사명을 믿음의 분량대로 감당하지 아니하고 자기가 감당하는 일이 최고 소중하게 여기고 다른 사람이 감당하는 일을 무시하고 경멸이 여겨 남에게 상처를 주고 상처를 받은 사람들이 일을 못하게 하는 경우가 있습니다. 어떤 사람은 이와 반대로 자기가 하는 역할은 가볍게 여기고 무시하여 감당하지 아니하면서 남이 하는 일만 소중하게 보여 남의 일에 기웃거려 걸림돌이 되는 사람도 있습니다. 우리 모두는 주님의 몸 된 교회에 붙어있는 지체로서 소중한 것입니다. 그러므로 나도 귀하고 이웃도 귀한 것입니다. 서로 존중히 여기며 자기 역할을 잘 감당하는 지체가 되어야 합니다.

2) 지체의 여러 기능(6~8절)

우리가 주님의 몸 된 교회의 지체된 것은 주님의 은혜로 된 것임으로 주님의 은혜를 받은 만큼 각각 감당하는 것입니다.

(1) 예언이면 믿음의 분수대로 하라 하십니다. 예언이란 우리의 삶을 위해 주시는 성경말씀입니다. 목회자는 믿음의 분량대로 말씀으로 선포하고 교육하는 것입니다.

(2) 성도들은 형제와 이웃을 섬기는 지체의 역할을 믿음으로 최선을 다하는 것입니다.

(3) 가르치는 은사로 주님의 몸 된 교회의 기능은 구역인도자와 교사입니다. 믿음으로 하는 것입니다.

(4) 위로하는 자는 바나바와 같이 형제들을 위로하고 격려하며 용기를 주는 기능은 권사와 중직자들의 지체된 사명입니다.

(5) 구제하는 은사를 받으신 지체들은 성실함으로 섬길 때 열매를 맺습니다.

(6) 다스리는 지체의 기능을 감당하는 당회원들은 부지런함으로 해야 합니다.

(7) 긍휼을 베푸는 사명을 받은 하나님의 사람들은 즐거움으로 감사하므로 하는 것입니다.

3) 지체의 바른 태도(9~13절)

예수님의 몸 된 교회에 붙어있는 지체된 하나님의 사람들은 언제나 악을 미워하고 선에 속해야 올바른 태도일 것입니다. 그리고 형제를 사랑하여 우애하고 존경하기를 먼저 하는 것입니다. 이는 조건 없는 아가페적인 사랑으로 형제를 사랑하는 것입니다. 지체된 형제들끼리 싸우고 증오하면 사탄은 춤을 추고 예수님은 슬퍼할 것이며 교회의 고통이 되는 것입니다. 그리고 게으르지 말고 열심을 품고 주님을 섬기라 하십니다. 부지런한 사람은 일을 찾아 하고 만들어서 하는 사람입니다. 주님의 몸 된 교회에 붙어있는 지체들은 하늘의 소망이 가득하여 즐거움과 감격으로 살아가는 것입니다. 하늘의 소망이 있는 사람은 이 세상에서 어떤 환난과 고난이 있어도 참고 견디는 것입니다. 그리고 항상 기도에 힘쓰며 살아가는 것입니다. 그리고 형제들의 쓸 것을 공급하며 손님 대접하기를 힘쓰며 살아갈 때 주님의 몸 된 교회가 든든히 서가게 될 것입니다.

✚　　　우리는 주님의 은혜로 영광스런 주님의 몸 된 교회의 지체가 되었습니다. 지체된 기능에 충실하여 주님의 몸 된 교회가 든든히 서가

고 하나님께 영광을 돌리고 하나님 나라가 확장되기를 주 예수님의 이름으로 축복합니다. "아멘"

34

로마서 12:14~21
사회생활과 성도의 의무

¹⁴ 너희를 박해하는 자를 축복하라 축복하고 저주하지 말라 ¹⁵ 즐거워하는 자들과 함께 즐거워하고 우는 자들과 함께 울라 ¹⁶ 서로 마음을 같이하며 높은 데 마음을 두지 말고 도리어 낮은 데 처하며 스스로 지혜 있는 체 하지 말라 ¹⁷ 아무에게도 악을 악으로 갚지 말고 모든 사람 앞에서 선한 일을 도모하라 ¹⁸ 할 수 있거든 너희로서는 모든 사람과 더불어 화목하라 ¹⁹ 내 사랑하는 자들아 너희가 친히 원수를 갚지 말고 하나님의 진노하심에 맡기라 기록되었으되 원수 갚는 것이 내게 있으니 내가 갚으리라고 주께서 말씀하시니라 ²⁰ 네 원수가 주리거든 먹이고 목마르거든 마시게 하라 그리함으로 네가 숯불을 그 머리에 쌓아 놓으리라 ²¹ 악에게 지지 말고 선으로 악을 이기라

예수님을 구주로 믿고 구원받은 하나님의 사람들이 천국을 향해 가는 도중 이 세상에서 사회의 한 구성원으로 살아가고 있는 것입니

다. 그러므로 사회생활에 대한 성도의 의무가 있습니다. 하나님의 사람들이 빛과 소금의 사명을 감당하여 많은 이웃들에게 존경의 대상이 되어야 하나님 나라가 확장됩니다. 예수님이 말씀하시기를 너희는 세상의 소금이니 소금이 만일 그 맛을 잃으면 무엇으로 짜게 하리요 후에는 아무 쓸 데 없어 다만 밖에 버려져 사람에게 밟힌다 하셨습니다(마 5:13). 오늘 한국 사회에서 성도들이 맛을 잃어 교인들이 급속히 줄어들고 있습니다. 소금은 자신이 희생하므로 맛을 내듯이 성도들의 희생이 있어야 맛을 내어 이웃에게 유익을 주며 썩지 않게 방부제 사명을 감당하는 것입니다. 그리고 너희는 빛이라 하셨습니다. 빛이란 착한 행실입니다(마 5:14~16). 성도들이 어둠을 밝히는 빛의 의무를 감당하는 것입니다.

1) 환경 적응 의무(14~15절)

예수님이 말씀하시기를 이 세상의 모든 사람들이 악을 행하여 어둠을 사랑하며 어둠 속에 살아가고 있다 하셨습니다. 그러나 예수님은 빛이시고 예수 믿고 구원받은 사람들은 빛의 자녀들이며 곧 빛이라 하셨습니다. 그러므로 이 세상은 예수 믿지 않는 사람들이 많으므로 어둠이 깊어지고 있습니다(요 3:19~21). 그러므로 어둠에 속한 사람들이 빛의 사람들을 싫어하여 박해하는 것이 당연합니다. 그러므로 구원받는 성도로서 어둠의 환경에 잘 적응해야 합니다. 적응하려면 박해하는 어둠의 사람들을 저주하지 말고 축복하는 것입니다. 그리고 즐거워하는 자들과 함께 즐거워하고 우는 자들과 함께 울어야 합니다. 이는 이기적인 삶을 넘어 이타적인 삶을 사는 것입니다. 상대방의 입장에서 이해하고 섬기며 빛을 비추어 주는 것입니다. 그러므로 빛의 자녀가 많아지게 하는 것입니다. 그리하면 박해가 줄어들 것입니다.

2) 이웃에 대한 의무(16~18절)

어둠이 깊어가는 이 세상에서 원하든 원하지 아니하든지 우리는 이웃들과 함께 더불어 살아가므로 이웃에 대한 기본적 의무를 감당하는 것입니다. 우리의 이웃들과 마음을 같이하는 진실과 성실로 함께 하는 것입니다. 좋은 이웃이 되려면 마음을 높은데 두지 말고 낮은데 두며 스스로 지혜 있는 체 허세를 떨거나 교만하지 말아야 합니다. 이웃이 악하게 해롭게 할지라도 악을 악으로 갚지 말고 선한 일로 대처하며 선한 일을 도모하는 것입니다. 성결과 선행으로 모든 사람과 더불어 화목하기를 힘쓰는 것이 이웃에 대한 의무입니다. 하나님과 화목하므로 하나님의 자녀가 되고 하나님과 교제하며 행복을 누리듯이 이웃과 화목하기를 힘써 화목할 때 이웃과 아름다운 관계를 만들어 행복한 삶을 살아가는 것입니다. 이것이 하나님이 주신 이웃에 대한 의무입니다.

3) 원수에 대한 의무(19~21절)

세상을 살아가면서 이웃과 원수 되어 살기를 원하는 사람은 없을 것입니다. 그러나 나를 해롭게 하는 원수가 있다면 하나님의 자녀로서 원수에 대한 모범적 태도로 원수와 친구가 되도록 해야 합니다. 원수가 있다면 복수하려고 하지 말고 하나님의 진노하심에 맡기라 하십니다. 원수 갚는 것이 하나님께 있으니 하나님이 갚아주신다 하셨습니다. 그러므로 원수가 주리거든 먹을 것을 주고 목마르거든 물을 주라고 말씀하십니다. 악으로 다가오는 자에게 선으로 갚아주는데도 계속 원수 되어 다가오면 그 머리에 숯불을 쌓는 것이 되어 하나님의 징계가 빨라진다고 말씀하셨습니다. 그러므로 악에게 지지말고 선으로 악을 이기라 하십니다. 예수님은 원수들의 모함을 받아 십자가에서 못 박혀 운명하시면서도 아버지 저들을 사하여 주옵소서 자기들이 하는 것을 알지 못함이니이다 기도하셨습니다(눅 23:34).

✚ 삶의 현장에서 환경적응 의무와 이웃에 대한 의무와 원수에 대한 의무를 모범적으로 감당하여 하나님께 영광을 돌리고 전도의 열매 있기를 주 예수님의 이름으로 축복합니다. "아멘"

35

로마서 13:1~7
국가 권세에 대한 성도의 복종의무

¹각 사람은 위에 있는 권세들에게 복종하라 권세는 하나님으로부터 나지 않음이 없나니 모든 권세는 다 하나님께서 정하신 바라 ²그러므로 권세를 거스르는 자는 하나님의 명을 거스름이니 거스르는 자들은 심판을 자취하리라 ³다스리는 자들은 선한 일에 대하여 두려움이 되지 않고 악한 일에 대하여 되나니 네가 권세를 두려워하지 아니하려느냐 선을 행하라 그리하면 그에게 칭찬을 받으리라 ⁴그는 하나님의 사역자가 되어 네게 선을 베푸는 자니라 그러나 네가 악을 행하거든 두려워하라 그가 공연히 칼을 가지지 아니하였으니 곧 하나님의 사역자가 되어 악을 행하는 자에게 진노하심을 따라 보응하는 자니라 ⁵그러므로 복종하지 아니할 수 없으니 진노 때문에 할 것이 아니라 양심을 따라 할 것이라 ⁶너희가 조세를 바치는 것도 이로 말미암음이라 그들이 하나님의 일꾼이 되어 바로 이 일에 항상 힘쓰느니라 ⁷모든 자에게 줄 것을 주되 조세를 받을 자에게 조세를 바치고 관세를 받을 자에게 관세를 바치고 두려워할

하늘과 땅을 창조하신 여호와 하나님께서 각 나라를 건설하시고 지도자들과 협력자들을 세워주시고 그들로 나라를 다스리게 하시는 것입니다. 우리는 대한민국이라는 나리에 태어나 21세기를 대한민국의 국민으로 살아가고 있는 것입니다. 이 모든 것이 하나님의 주권적 섭리에 의해 이루어지고 있는 것입니다. 대통령이 통수권자로서 나라를 치리하며 삼부요인과 국회가 제도와 질서를 바르게 세워가며 더 좋은 미래를 만들어가는 것은 하나님의 사역자로서 그 책무를 감당하고 있는 것입니다. 그러므로 국민은 국가 권세에 순종하고 정부에서 하는 일에 협력해야 하는 것입니다. 대한민국 국민으로서 국가 권세를 인정하지 않고 불복종하는 사람은 나라를 위태롭게 하는 사람들입니다. 경계해야 합니다. 이는 대한민국을 세우시고 대통령과 지도자들을 세우신 하나님의 주권을 무시하는 행동입니다.

1) 복종 명령과 이유(1~2절)

국가 권세에 대하여 복종의 의무를 거부하는 사람들이 많이 있음을 우리 주의에서 볼 수 있습니다. 그럴듯한 논리로 국가 권세 복종을 부정합니다. 그러나 하나님이 말씀하시기를 각 사람은 위에 있는 권세자들에게 복종하라 명령하셨습니다. 어떤 이유라도 복종하지 않는 것은 하나님의 명령을 거부하는 것입니다. 하나님의 심판이 있을 것입니다. 국가 권세에 복종하는 이유를 이렇게 말씀합니다. 권세는 하나님으로부터 나지 않음이 없나니 모든 권세는 다 하나님께서 정하신 바라고 말씀합니다. 그러므로 권세를 거스르는 자들은 심판이 있다 하십니다. 하나님을 믿지 않는 사람들은 하나님의 존재를 믿지 않기에 국가 권세에 복종하지 않을 수 있습니다. 그러나 하나님의 주권을 믿는 하나님의 사람들은 국가 권세에 복종하여 나라를 바르게 세우는 일에 유익한 사람들이 되라는 하나님 말씀에 순종하여 하나님 나라 세우는 일꾼이 되는 것입니다.

2) 하나님의 사역자(3~4절)

권세자들은 하나님의 사역자 하나님의 일꾼으로 하나님이 세우신 것입니다. 그러므로 다스리는 자들은 선한 일에 두려움이 되지 아니하고 악한 일에 대하여 되나니 권세를 두려워하지 아니하려느냐 선을 행하라 그리하면 권세자들에게 칭찬을 받는다 하십니다. 그러므로 권세자들은 하나님의 사역자로서 모든 사람들에게 선을 베풀라 하였습니다. 그러나 네가 악을 행하였거든 두려워하라 그가 공연히 칼을 가지지 아니하였으니 곧 하나님의 사역자가 되어 악을 행하는 자에게 진노로 보응한다 하십니다. 권세자들이 받은 칼은 악을 행하는 자들을 벌하여 악을 다스리며 악이 없어지도록 하는 권세로 악을 다스리는 만큼 권세의 자리가 견고하게 되고 선을 행하는 사람들이 많아질 때 하나님의 뜻이 이 땅에 날마다 이루어져 살기 좋은 사회가 되는 것입니다. 세상과 권세자들을 불만하며 불순종하지 말고 자신부터 선행 즉, 빛과 소금의 역할을 감당하여 하나님이 원하시는 대한민국을 만들어가기를 축복합니다.

3) 복종의 내용(5~7절)

하나님의 사역자로 세움을 받은 국가 권세에 대하여 복종하지 아니할 수 없어 진노 때문에 하지 말고 양심에 따라 자기가 해야 할 의무를 다하라 말씀합니다. 권세자들은 하나님의 일꾼이 되어 임무에 항상 힘쓴다 하였습니다. 사람은 누구나 줄 것은 주고받을 것은 받을 의무가 있습니다. 그러나 줄 것은 주지 않고 받을 것만 받으려는 이기적인 사람들 때문에 이웃들이 힘들어합니다. 그러므로 받는 것보다 주는 일에 힘쓰면 아름다운 세상이 될 것입니다. 조세를 받을 자에게 조세를 바치고 관세를 받을 자에게 관세를 바치라 하십니다. 그리스도인들은 자기가 해야 할 의무에 충실해야 합니다. 그리고 두려워할 자를 두려워하고 존경할 자를 존경하라 하십니다. 권세자들이 악하게 치리를 할지라도 성도들이 빛과 소금의 역할로 선하게 살아가면 선이 악을 이기게 되어 권세자들이 선하게 될 것입니다. 하나님의 뜻이 하늘에서 이루어진 것같이 이 땅에서 이루어지기를 기도하며 힘쓰는 것입니다.

✚　　하나님의 사역자로 세워진 국가 권세에 복종하여 하나님의 거룩한 대한민국을 만들어가기를 주 예수님의 이름으로 축복합니다. "아멘"

36

로마서 13:8~10

세상 이웃에 대한 성도의 사랑 의무

[8]피차 사랑의 빚 외에는 아무에게든지 아무 빚도 지지 말라 남을 사랑하는 자는 율법을 다 이루었느니라 [9]간음하지 말라, 살인하지 말라, 도둑질하지 말라, 탐내지 말라 한 것과 그 외에 다른 계명이 있을지라도 네 이웃을 네 자신과 같이 사랑하라 하신 그 말씀 가운데 다 들었느니라 [10]사랑은 이웃에게 악을 행하지 아니하나니 그러므로 사랑은 율법의 완성이니라

이 세상에 살아가는 모든 사람들은 아담의 후손으로 태어나 본질상 진노의 자녀입니다. 그러므로 세상 풍조 풍습을 자연스럽게 따르며 공중권세 잡은 마귀 사탄을 따랐으며 육체의 욕심을 따라 살았으며 육체와 마음이 원하는 것을 하여 허물과 죄로 죽었습니다. 그러나 긍휼이 풍성하신 하나님이 우리를 사랑하사 그 큰 사랑을 인하여 허물로 죽은 우리를 그리스도와 함께 살리셨고 우리는 은혜로 구원을

받은 것입니다(엡 2:1~5). 그러나 이 세상에는 구원받지 못한 이웃들이 많이 살고 있습니다. 하나님이 이들을 우리의 이웃으로 두신 것은 구원받지 못한 이웃을 사랑하고 섬기며 전도하라고 주신 것입니다. 성도들은 구원받지 못한 이웃들을 사랑해야 할 의무가 있습니다. 이웃을 사랑하여 섬기면 더 풍성한 은혜와 복을 주시며 하늘나라에 상급이 될 것입니다.

1) 사랑의 빚 외에는(8절)

이 세상에 살아가고 있는 모든 사람들은 사랑의 빚을 지기도 하고 주기도 하며 살아가는 것입니다. 사랑의 빚을 전혀 지지도 않고 주지도 않고 살아가는 사람은 한 사람도 없습니다. 그러므로 사람은 혼자 살 수 없게 되어 있습니다. 누군가의 도움을 받기도 하고 도와주기도 하며 살아가는 것입니다. 그러므로 사랑의 빚을 주고받으라고 말씀합니다. 그러나 사랑의 빚 외에는 아무에게도 빚지지 말라 하십니다. 자신의 유익과 필요를 위해 무리하게 남의 도움을 요구해서는 안 된다고 말씀합니다. 그리고 무리하게 다른 사람들에게 짐을 지게 해서도 안 됩니다. 그러므로 다른 사람을 사랑하여 사랑의 빚 외에는 다른 아무에게든지 아무 빚도 지지 아니하는 것이 하나님의 자녀의 올바른 태도라고 말씀합니다. 사랑의 빚으로 아름답고 행복한 삶을 살아가는 것이 성도입니다.

2) 이웃을 자신같이 사랑(9절)

하나님이 주신 계명 가운데 5계명부터 10계명까지의 계명은 네 이웃을 네 자신과 같이 사랑하라 하신 그 말씀 가운데 들어 있다고 말씀합니다.

(1) 우리의 이웃을 자신같이 사랑하는 것은 간음하지 않는 것이라 말씀합니다. 자신의 정욕을 채우기 위하여 간음하는 것은 가정의 신성을 파괴하는 것으로 이웃을 미워하는 행위입니다.

(2) 이웃을 자신같이 사랑하는 것은 살인하지 아니하는 것이라 말씀합니다. 이웃을 미워하고 살인하는 것은 생명의 존엄성을 파괴하는 것입니다. 하나님의 형상대로 지음 받은 자신의 생명이 소중하다면 이웃의 생명도 소중히 여겨야 합니다.

(3) 이웃을 자신같이 사랑하는 것은 도둑질 하지 않는 것입니다. 내 소유가 노동의 대가로 얻어진 것이기에 존중히 여기는 것같이 이웃의 재산을 존중히 여겨 해가 되지 않도록 돕는 것이 이웃을 사랑하는 것입니다.

(4) 이웃을 자신같이 사랑하는 것은 이웃의 것을 탐내지 않는 것이라 말씀합니다. 끊임없이 올라오는 탐욕을 절제되어야 이웃을 사랑하게 됩니다.

3) 사랑은 율법 완성(10절)

사랑은 이웃에게 악을 행하지 아니하는 것으로 사랑은 율법의 완성이라 하십니다. 예수님께서 말씀하시기를 십계명은 하나님 사랑,

이웃 사랑이라 하십니다(마 22:37~40). 이 세상에는 예수 믿지 않는 사람들 중에 이웃 사랑을 실천하는 사람들이 있습니다. 이들 중에는 이웃을 불쌍히 여기는 감정으로 돕기도 하고 이웃 사랑의 철학으로 실천하는 사람들도 있습니다. 이들은 자기의 선행으로 죽으면 좋은데(천국) 갈 것으로 여겨 열심히 봉사합니다. 그리고 많은 사람들에게 칭찬받기 위해 하거나 자손들이 잘 되기를 기대하여 이웃 사랑을 실천하는 것입니다. 그러나 예수 믿고 구원받은 사람은 하나님의 선택의 사랑, 부르심의 사랑, 회개와 믿음과 구원받아 하나님의 자녀 된 그 은혜와 사랑을 받고 감격하여 받은 은혜와 사랑을 만분의 일이라도 보답하고자 하나님을 섬기고 이웃을 섬기는 것입니다. 그러므로 신자와 불신자의 이웃 사랑 실천은 근본이 다릅니다.

✚　　허물과 죄로 죽은 우리는 하나님의 특별하신 사랑을 받았으니 하나님을 사랑하고 이웃을 사랑하여 받은 사랑을 보답하는 삶을 살아가기를 주 예수님의 이름으로 축복합니다. "아멘"

37

---◆◆◆---

로마서 13:11~14
종말을 앞둔 성도의 경건의무

¹¹또한 너희가 이 시기를 알거니와 자다가 깰 때가 벌써 되었으니 이는 이제 우리의 구원이 처음 믿을 때보다 가까웠음이라 ¹²밤이 깊고 낮이 가까웠으니 그러므로 우리가 어둠의 일을 벗고 빛의 갑옷을 입자 ¹³낮에와 같이 단정히 행하고 방탕하거나 술 취하지 말며 음란하거나 호색하지 말며 다투거나 시기하지 말고 ¹⁴오직 주 예수 그리스도로 옷 입고 정욕을 위하여 육신의 일을 도모하지 말라

하나님께서 요엘 선지자를 통하여 말씀하신 말세에는 하나님이 만민에게 하나님의 영을 부어 주어 하나님의 영을 받은 자들이 장래 일을 말할 것이며 늙은이들은 꿈을 꾸며 젊은이들은 이상을 볼 것이며 하나님의 영을 말세에 남종과 여종들에게 부어준다고 하셨습니다(욜 2:28~29). 예수님이 제자들에게 예루살렘을 떠나지 말고 아버

지께서 약속하신 성령을 기다리라 하셨습니다(행 1:4~5). 말씀을 순종한 120여 명이 성령 충만을 받아 성령이 말하게 하심을 따라 전도자가 되었고(행 2:4) 약 2000여 년 동안 예루살렘에 시작하여 전 세계에서 계속 하나님의 영 성령이 역사하여 하나님을 섬기고 전도하는 것입니다. 예수님 제자들이 성령 받은 시기가 말세라 하셨는데 2000여 년이 지난 오늘 우리 앞에 얼마나 예수님 재림하실 말세가 되었는지 깨달아 준비해야 합니다. 그러므로 말세를 앞둔 성도들은 경건생활로 예수님 재림을 준비하고 맞이해야 합니다.

1) 때를 아는 성도(11절)

너희가 이 시기를 알거니와 자다가 깰 때가 벌써 되었다고 말씀합니다. 예수님 재림하실 때가 곧 가까워졌다는 것은 영원한 구원의 때가 다 됐다는 것입니다. 예수님이 재림하시는 순간 이 세상은 불에 태워져 사라질 것입니다(벧후 3:10~13). 예수님을 구주로 믿고 구원받은 사람들은 영원한 천국으로 들어갑니다. 예수님을 믿지 않는 사람들은 심판을 받아 지옥으로 들어가 영원한 고통이 있을 것입니다. 하나님이 심판하시는 때를 보면 사람들의 죄악이 성행하여 폭력과 살인이 많아질 때 하나님은 물로 심판하셨습니다(창 6:5~7). 그리고 사람들이 하나님의 영광을 위하여 살지 않고 자기 이름을 내기 위한 목적으로 바벨탑을 쌓을 때 하나님이 심판하셨습니다(창 11:4~9). 또한 성적 타락의 극치로 동성연애가 급속도록 성행할 때 하나님이 소돔과 고모라에 불로 심판하셨습니다(창 19:1~29). 지금 우리가 살고 있는 이 땅에는 심판받을 조건이 다 되었으니 심판의 때가 곧 문 앞에 이른 것입니다.

2) 어둠의 일을 벗는 성도(12절)

예수님을 구주로 믿고 구원받아 하나님의 자녀가 되었으면서도 죄의 습성에 매여 어둠에서 방황하는 사람들이 많이 있습니다. 예수님이 재림하실 날이 곧 문 앞에 이르렀으니 세속의 잠에서 영적인 잠에서 깨어나야 합니다. 어둠의 일을 벗는 것은 방탕하거나 술 취하는 육체적인 죄의 습성에서 벗어나는 것입니다. 세속에 취해 있는 것은 영적인 방종이며 절제하지 못하는 데 원인이 있습니다. 절제도 하나님의 은혜로 되는 것이므로 은혜를 받아야 가능합니다. 그리고 음란하거나 호색하는 것은 성적인 죄입니다. 이는 영적 간음이며 이것을 좋아하는 것은 우상숭배와 같은 죄입니다. 그리고 다투거나 시기하는 것은 감정적인 죄입니다. 이는 자기감정을 절제하지 못하는 데 있으며 이는 영적 능력 부족입니다. 어둠의 일을 벗는 것은 육신의 일을 도모하지 않는 것입니다. 우리는 하나님의 자녀이니 하나님의 영광을 위해서 날마다 살아가는 영적인 사람은 예수님 재림하시는 날 영원한 승리자가 될 것입니다.

3) 빛의 갑옷 입는 성도(13~14절)

날 새기 직전 온 세상이 캄캄하듯이 예수님이 재림하시기 직전 이 세상은 죄악의 어둠이 깊어질 때 빛 되신 예수님으로 옷 입어야 합니다. 그러므로 우리 성도들이 입은 빛의 옷으로 어두움이 물러가는 사회가 이웃이 되어야 합니다. 특별히 갑옷을 입으라 하심은 십자가 군병으로서 사탄과 마귀와 죄와 자신과 싸워 이기기 위해 무장하라는 말씀입니다. 그러므로 빛의 갑옷을 입고 낮에와 같이 단정히 행하라 하십니다. 빛의 갑옷을 입은 예수 그리스도로 옷 입은 사람 성도들은 빛 되신 예수님 앞에서 마음가짐을 빠르게 하고 올곧은 철학으로 삶의 주관을 분명하게 하여 단정한 모습으로 살아가는 것입니다. 사람의 매력은 언행심사가 일치하며 단정한 모습으로 살아갈 때 하나님께는 영광이 되고 많은 사람들에게 존경의 대상이 되어 전도의 열매를 맺게 하는 것입니다. 날마다 예수님을 닮아가는 예수님의 제자가 되어 빛의 갑옷을 입는 성도가 되어야 합니다.

✚　예수님 재림의 때가 점점 가까이 오고 있는 이때 어두움의 일을 벗고 예수 그리스도로 빛의 갑옷을 입고 예수님이 재림하시는 날 아멘 주 예수여 오시옵소서 하는 준비된 자가 되시기를 주 예수님의 이름으로 축복합니다. "아멘"

38

<hr>

로마서 14:1~12
신앙의 형제에 대한 판단 금지 권면

¹믿음이 연약한 자를 너희가 받되 그의 의견을 비판하지 말라 ²어떤 사람은 모든 것을 먹을 만한 믿음이 있고 믿음이 연약한 자는 채소만 먹느니라 ³먹는 자는 먹지 않는 자를 업신여기지 말고 먹지 않는 자는 먹는 자를 비판하지 말라 이는 하나님이 그를 받으셨음이라 ⁴남의 하인을 비판하는 너는 누구냐 그가 서 있는 것이나 넘어지는 것이 자기 주인에게 있으매 그가 세움을 받으리니 이는 그를 세우시는 권능이 주께 있음이라 ⁵어떤 사람은 이 날을 저 날보다 낫게 여기고 어떤 사람은 모든 날을 같게 여기나니 각각 자기 마음으로 확정할지니라 ⁶날을 중히 여기는 자도 주를 위하여 중히 여기고 먹는 자도 주를 위하여 먹으니 이는 하나님께 감사함이요 먹지 않는 자도 주를 위하여 먹지 아니하며 하나님께 감사하느니라 ⁷우리 중에 누구든지 자기를 위하여 사는 자가 없고 자기를 위하여 죽는 자도 없도다 ⁸우리가 살아도 주를 위하여 살고 죽어도 주를 위하여 죽나니 그러므로 사나 죽으나 우리가 주의 것이로다 ⁹이를 위하

여 그리스도께서 죽었다가 다시 살아나셨으니 곧 죽은 자와 산 자의 주가 되려 하심이라 [10]네가 어찌하여 네 형제를 비판하느냐 어찌하여 네 형제를 업신여기느냐 우리가 다 하나님의 심판대 앞에 서리라 [11]기록되었으되 주께서 이르시되 내가 살았노니 모든 무릎이 내게 꿇을 것이요 모든 혀가 하나님께 자백하리라 하였느니라 [12]이러므로 우리 각 사람이 자기 일을 하나님께 직고하리라

예수님을 구주로 믿고 구원받은 하나님의 자녀가 된 우리는 모두가 형제자매입니다. 육신의 부모도 자녀들을 볼 때 형제들끼리 서로 사랑하여 돕고 화목하게 살아갈 때 기뻐하시고 행복해하며 고마워하십니다. 그러나 형제들끼리 반목하고 비판하고 싸우며 정죄하고 고소 고발할 때 부모님 마음을 아프게 하고 가슴에 못 박는 일이 됩니다. 은혜가 충만한 성도들은 예수 믿고 구원받은 형제들을 예수 믿지 않는 형제들보다 더 사랑하여 섬기고 화목하며 살아가므로 하나님 아버지도 기쁘시게 하고 이웃 사람들에게도 칭찬받게 됩니다. 전도의 문이 열리게 됩니다. 그러나 은혜가 떨어지면 판단하고 비판하고 정죄하고 고소고발로 이어짐을 우리 주위에서 볼 수 있습니다. 사도 바울을 통하여 하나님이 말씀하시기를 형제를 비판하지 말라는 말씀을 순종하려면 은혜가 충만해야 합니다.

1) 신앙의 성장차이 수용(1~4절)

예배드리는 현장에 모든 성도들의 신앙성숙의 차이가 각각 다르

다는 것을 인식하고 수용해야 합니다. 성도들의 신앙 연조를 보면 예수 믿은 지 얼마 되지 않은 사람부터 80년, 90년 되신 분들도 계십니다. 어떤 분은 예수 믿은 연조는 짧아도 열심 있는 신앙생활로 신앙이 많이 성장한 사람도 있고 신앙의 연조는 길어도 게으르고 나태하여 신앙이 성장하지 못하여 어린아이를 면하지 못하는 분도 있습니다. 신앙생활은 성장한 수준만큼 행동하고 표현합니다. 어떤 사람은 모든 것을 먹을 만한 믿음으로 성장한 사람도 있고 어떤 사람은 채소만 먹을 수 있는 어린아이의 신앙성장의 사람이 있습니다. 그러므로 형제를 업신여기지도 말고 비판하지도 말라 하십니다. 판단의 권한은 하나님 아버지에게 있다 하십니다. 형제끼리 서로 판단하는 것은 죄이며 하나님을 슬프게 하는 것입니다.

2) 주님 위해 존재하는 인생(5~8절)

사람의 존재가 자신을 위해 살아가는 것으로 여기기에 많은 문제가 발생합니다. 자신의 끝없는 욕심을 채우기 위해 싸우고 비판하고 정죄합니다. 그러나 누구도 자신의 선택에 의해 태어난 사람도 없고 자신이 원하는 대로 살아가는 사람도 없습니다. 오직 천지 만물을 창조하시고 사람을 만드신 하나님 아버지에 의해 존재하는 것입니다. 그러므로 사람이 존재하는 것은 하나님 아버지를 위해 살아가는 것입니다. 그러므로 먹는 것도 주님을 위해 먹고 먹지 않는 것도 주님을 위해 먹지 않는 것입니다. 이날이나 저날을 중요하게 여기는 것도 주님을 위해 중요하게 여겨 활용하는 것입니다. 그러므로 우리는 살아도 주님을 위해 살고 죽어도 주님을 위해 죽는 사람들입니다. 우리는 하나님 아버지의 소유입니다. 그러므로 나를 위해 살아가면 실패하는 인생이 되고 주님 위해 살아가면 성공하는 인생이 됩니다.

3) 심판대 앞에 서는 인생(9~12절)

예수님은 십자가에서 모든 죄인들을 위해 속죄 제물로 죽으셨습니다. 그리고 삼일 만에 다시 살아나셔서 죽은 자와 산자의 주인이 되셨습니다. 그러므로 모든 사람들이 하나님의 심판대 앞에서 심판을 받게 됩니다. 형제를 비판하거나 업신여기면 반드시 심판이 있음을 인식하고 조심해야 합니다. 금해야 합니다. 하나님 앞에 심판을 받을 때 모든 사람들이 예수님 앞에 무릎을 꿇고 모든 혀가 자백하며 각 사람이 자기의 일을 하나님께 직고하게 됩니다. 이는 누구도 이 심판을 피할 수 없습니다. 그러므로 주님 재림하시는 날 주님 앞에서 심판받기 전 죄가 생각나면 다음으로 미루지 말고 회개해서 용서받아야 합니다. 마지막 주님 앞에서 심판은 회개의 기회를 소홀히 여긴 결과입니다. 되돌릴 수가 없습니다. 주님 앞에 서는 날 칭찬과 상급과 면류관을 보상받는 심판대가 되어야 합니다.

✚ 　 형제를 사랑하고 격려하며 위로하고 섬김으로 주님 앞에 서는 날 칭찬과 상급의 보상이 풍성한 심판대 결산이 있기를 주 예수님의 이름으로 축복합니다. "아멘"

39

로마서 14:13~23

신앙의 형제를 식물로
실족케 말라는 권면

¹³ 그런즉 우리가 다시는 서로 비판하지 말고 도리어 부딪칠 것이나 거칠 것을 형제 앞에 두지 아니하도록 주의하라 ¹⁴ 내가 주 예수 안에서 알고 확신하노니 무엇이든지 스스로 속된 것이 없으되 다만 속되게 여기는 그 사람에게는 속되니라 ¹⁵ 만일 음식으로 말미암아 네 형제가 근심하게 되면 이는 네가 사랑으로 행하지 아니함이라 그리스도께서 대신하여 죽으신 형제를 네 음식으로 망하게 하지 말라 ¹⁶ 그러므로 너희의 선한 것이 비방을 받지 않게 하라 ¹⁷ 하나님의 나라는 먹는 것과 마시는 것이 아니요 오직 성령 안에 있는 의와 평강과 희락이라 ¹⁸ 이로써 그리스도를 섬기는 자는 하나님을 기쁘시게 하며 사람에게도 칭찬을 받느니라 ¹⁹ 그러므로 우리가 화평의 일과 서로 덕을 세우는 일을 힘쓰나니 ²⁰ 음식으로 말미암아 하나님의 사업을 무너지게 하지 말라 만물이 다 깨끗하되 거리낌으로 먹는 사람에게는 악한 것이라 ²¹ 고기도 먹지 아니하고 포도주도 마시지 아니하고 무엇이든지 네 형제로 거리끼게 하는 일을 아니함이

아름다우니라 22 네게 있는 믿음을 하나님 앞에서 스스로 가지고 있으라 자기가 옳다 하는 바로 자기를 정죄하지 아니하는 자는 복이 있도다 23 의심하고 먹는 자는 정죄되었나니 이는 믿음을 따라 하지 아니하였기 때문이라 믿음을 따라 하지 아니하는 것은 다 죄니라

우리가 섬기는 교회 안에 구성원들은 모두가 예수 믿고 구원받은 하나님의 자녀들입니다. 그러나 신앙의 성장수준은 각기 다릅니다. 모두가 자기 기준에서 다른 사람의 신앙생활을 판단하게 됩니다. 판단하며 비판하기는 쉬우나 비판받는 연약한 신자는 실족하거나 평생 상처가 될 수도 있습니다. 그러므로 비판하지 말아야 합니다. 신앙이 장성한 사람이 신앙이 약한 사람을 비판하지 말아야 합니다. 특별히 음주문제로 비판하고 정죄하여 실족하지 않도록 해야 합니다. 음주를 하면 구원받지 못할 것처럼 정죄해서는 안 됩니다. 구원과 음주는 다른 것입니다. 구원은 하나님의 선물이요 하나님의 주권에 의해 되는 것입니다. 신앙이 성장하면 저절로 음주는 하지 않습니다. 성령 충만하면 스스로 끊게 됩니다. 그때를 기다려야 합니다.

1) 비방 받지 않는 선행(14~16절)

믿음이 장성한 사람들이 믿음이 연약한 사람들을 이해하고 그들의 의견들을 소중히 대하고 이해를 시키고 비판하지 말고 사랑으로 관계할 때 비방받지 않는 선행이 됩니다. 그러므로 먹는 음식 문제로 형제들을 비판하지 말고 부딪칠 것이나 거칠 것을 형제 앞에 두어 형

제들을 실족하게 해서도 안 된다고 말씀합니다. 만일 먹고 마시는 일로 형제를 근심하게 하는 것은 사랑으로 하지 아니한 것이라 말씀합니다. 예수님이 십자가에 죽으시고 부활하셔서 살리신 형제를 실족하게 하여 망하게 하는 것은 비방을 받을 짓이라 말씀합니다. 우리 모두 믿음이 어릴 때를 생각하여 믿음이 연약한 자를 사랑으로 품어야 합니다. 믿음의 아버지와 어머니 같이 느끼게 하여 믿음이 건강하게 성장하도록 돕는 선행이 될 때 비방 받지 않습니다.

2) 하나님 나라(21~23절)

하나님 나라는 먹는 것과 마시는 것이 아니요 오직 성령 안에서 의와 평강과 희락이라 하십니다. 하나님의 자녀들이 중심에 두어야 할 것은 하나님 나라입니다. 그러나 많은 하나님의 사람들은 하나님 나라에는 관심 없고 먹고 마시는 일에 집중하고 있는 것은 아직도 믿음이 연약한 증거입니다. 그러므로 신앙의 본질인 하나님 나라에 대한 믿음에 굳게 서서 주님 주시는 평강을 누리고 살면 즐거움의 삶으로 천국을 이루게 될 것입니다. 그리하면 하나님을 기쁘시게 하게 되며 모든 사람들에게도 칭찬받아 구원받는 사람이 점점 더하게 될 것입니다. 그러므로 우리가 판단하고 비판하지 말고 서로 화평하기를 힘쓰며 덕을 세우는 일을 힘써야 할 것입니다. 음주 문제로 하나님의 사업이 무너지게 해서는 안 됩니다. 먹고 마시는 일에 집중하지 말고 하나님 나라 확장에 집중해야 합니다.

3) 믿음으로 하라(21~23절)

우리는 예수님을 구주로 믿고 세례를 받았으며 물과 성령으로 거듭난 하나님의 자녀들입니다. 그러므로 우리는 하나님 앞에서 모든 일을 하여야 하나님의 칭찬이 있습니다. 먹고 마시는 모든 것도 믿음으로 하지 아니하고 의심하면 죄가 된다 하십니다. 음주 문제도 형제에게 거리끼게 하여 형제를 실족하게 하지 아니하는 것이 아름다운 것이라 말씀합니다. 그러므로 형제들의 신앙을 위하여 스스로 절제하는 삶으로 믿음의 본을 보여야 합니다. 아브라함이 의인된 것은 행위로 된 것이 아니고 아브라함이 여호와를 믿으매 이를 그의 의로 여기셨다 하셨습니다(창 15:6). 오직 믿음으로만 구원받습니다. 오직 믿음으로 행한 것만이 하나님께 인정됩니다. 오직 믿음으로 기도한 것만이 응답이 있습니다. 믿음에 굳게 서서 믿음으로 승리하는 것입니다.

✚   형제들 중에 믿음이 연약하여 어린아이의 일을 할 때 비판하지 말고 믿음의 본을 보여 믿음에 굳게 서도록 돕는 자가 되시기를 주 예수님의 이름으로 축복합니다. "아멘"

40

로마서 15:1~7

교회 안에서 덕을 세우라는 권면

¹믿음이 강한 우리는 마땅히 믿음이 약한 자의 약점을 담당하고 자기를 기쁘게 하지 아니할 것이라 ²우리 각 사람이 이웃을 기쁘게 하되 선을 이루고 덕을 세우도록 할지니라 ³그리스도께서도 자기를 기쁘게 하지 아니하셨나니 기록된 바 주를 비방하는 자들의 비방이 내게 미쳤나이다 함과 같으니라 ⁴무엇이든지 전에 기록된 바는 우리의 교훈을 위하여 기록된 것이니 우리로 하여금 인내로 또는 성경의 위로로 소망을 가지게 함이니라 ⁵이제 인내와 위로의 하나님이 너희로 그리스도 예수를 본받아 서로 뜻이 같게 하여 주사 ⁶한마음과 한 입으로 하나님 곧 우리 주 예수 그리스도의 아버지께 영광을 돌리게 하려 하노라 ⁷그러므로 그리스도께서 우리를 받아 하나님께 영광을 돌리심과 같이 너희도 서로 받으라

교회란 예수님을 구주로 믿고 물과 성령으로 세례 받은 구원받은

사람들이 모여 있는 곳입니다. 교회의 머리는 예수님이요, 우리는 예수님의 몸 된 교회에 붙어있는 지체입니다. 그러므로 교회가 평안하여 든든히 서가는 것은 하나님 아버지께 영광이요 성도들에게는 은혜와 복이 됩니다. 교회가 평안하여 든든히 서가려면 교회를 섬기는 성도들이 피차 덕을 세우는 데 힘써야 합니다. 덕을 세우려면 형제들에게 부담을 주지 말아야 하며, 상처받지 않게 해야 하며, 실망을 주지 않도록 조심해야 합니다. 언제나 품격 있는 말로 용기와 위로가 되도록 노력해야 합니다. 형제의 필요를 채워주려고 먼저 베풀어야 합니다. 교회 안에서 화목하기를 힘쓰고 어머니 같은 따뜻함을 느끼게 해야 합니다. 그리되면 고민하는 문제들을 마음 놓고 상담해 올 것입니다. 이는 예수님을 닮은 사람이라 할 수 있습니다.

1) 믿음이 강한 자(1~3절)

교회 안에서 믿음이 강한 자들의 신앙생활이 교회의 현재를 만들고 미래를 만드는 것입니다. 믿음이 강한 것을 과시하거나 주장하는 것이 아니고 믿음이 약한 자들의 약점을 담당하여 필요를 채워주고 섬기는 것입니다. 그러므로 믿음이 약한 사람들이 교회 오면 천국으로 느끼도록 해야 합니다. 이것이 선을 이루는 것이고 덕을 세우는 일입니다. 예수님은 이 땅에 오셔서 죄인 된 우리를 위해 십자가에서 속죄 제물로 죽으시고 부활의 첫 열매가 되심은 죄인 된 우리의 약점을 담당하여 구원하신 것입니다. 그러므로 예수님은 자신을 기쁘시게 아니하시고 하나님을 기쁘시게 하고 구원받은 영혼들을 기쁘게 하기 위하여 많은 비방과 조롱과 매 맞음과 죄인으로 모함 받아 십자가 형틀에서 죽으셨습니다. 예수님의 일생은 믿음이 강한 자가 약한 자에게 어떻게 살아가는지에 대하여 영원한 모델이 되셨습니다. 날마다 예수님을 닮아가는 제자가 되어야 합니다.

2) 나를 위한 말씀(4절)

성경말씀은 하나님 아버지께서 사랑하는 자녀들에게 교훈의 말씀으로 주신 것입니다. 그러므로 이 말씀을 따라 인내의 신앙을 생활하며 하나님의 위로를 받으며 영원한 소망을 가지게 하는 것입니다. "모든 성경은 하나님의 감동으로 된 것으로 교훈과 책망과 바르게 함과 의로 교육하기에 유익하니 이는 하나님의 사람으로 온전하게 하며 모든 선한 일을 행할 능력을 갖추게 하려 함이라" 말씀하셨습니다(딤후 3:16~17). 사랑하는 자녀들을 위해 말씀하시는 부모님의 말씀을 귀담아 듣고 순종하면 효자 효녀가 되고 생활에 큰 복을 받습니다. 하나님 아버지께서 사랑하는 자녀들을 위해 주신 구원의 말씀에 순종하여 예수님을 구주로 믿고 세례를 받으면 구원받고, 하나님을 사랑하고 이웃을 사랑하라는 말씀에 순종하면 하나님의 사랑을 받고 이웃의 사람을 받으며, 주님의 몸 된 교회를 섬기면 영원한 승리자가 됩니다.

3) 예수님을 본받자(5~7절)

인내와 위로의 하나님 아버지께서 그리스도 예수님을 본받아 하나님 아버지와 우리의 뜻이 같게 하여 한마음과 한입으로 하나님 아버지께 영광을 돌리시기를 원하십니다. 하나님 아버지께서는 하나님을 믿는 모든 사람들이 그리스도이신 예수님을 본받기를 원하십니다. 예수님의 마음이 하나님의 영광을 위해 고정되어 있고 예수님의 입으로 하나님 아버지께 영광을 돌리시는 예수님을 본받아 예수 믿고 구원받은 하나님의 자녀들로 살아가기를 원하십니다. 예수님을 많이 본받았다는 것은 예수님의 마음과 뜻이 일치했다는 것이요 예수님을 닮은 제자가 아니라면 예수님의 마음과 뜻이 멀다는 의미입니다. 그러므로 예수님께서 약점이 많은 우리를 받아 십자가의 대속 제물로 우리의 약점을 담당하여 용서하시고 하나님의 자녀 되게 하심같이 우리도 믿음이 연약한 자의 약점을 담당하는 예수님을 본받는 예수님의 제자가 되어야 합니다.

✚　　교회 안에서 덕을 세워 믿음이 연약한 자의 약점을 담당하는 예수님을 많이 닮은 예수님의 제자가 되기를 주 예수님의 이름으로 축복합니다. "아멘"

41

로마서 15:8~13
이방인과 유대인간의 교회 화합 권면

⁸내가 말하노니 그리스도께서 하나님의 진실하심을 위하여 할례의 추종자가 되셨으니 이는 조상들에게 주신 약속들을 견고하게 하시고 ⁹이방인들도 그 긍휼하심으로 말미암아 하나님께 영광을 돌리게 하려 하심이라 기록된 바 그러므로 내가 열방 중에서 주께 감사하고 주의 이름을 찬송하리로다 함과 같으니라 ¹⁰또 이르되 열방들아 주의 백성과 함께 즐거워하라 하였으며 ¹¹또 모든 열방들아 주를 찬양하며 모든 백성들아 그를 찬송하라 하였으며 ¹²또 이사야가 이르되 이새의 뿌리 곧 열방을 다스리기 위하여 일어나시는 이가 있으리니 열방이 그에게 소망을 두리라 하였느니라 ¹³소망의 하나님이 모든 기쁨과 평강을 믿음 안에서 너희에게 충만하게 하사 성령의 능력으로 소망이 넘치게 하시기를 원하노라

초대교회 성령 충만 받은 성도들이 로마에 가서 복음을 전도하

여 교회를 세우고 신앙생활하는 중 교회가 부흥되었습니다. 로마 황제 글라우디오는 유대인 추방 명령을 내려 유대인들이 로마를 떠나므로 로마 사람 중에 예수 믿고 구원받은 사람들이 계속 교회를 섬기므로 이방인 교회가 되었습니다. 그 후 로마 황제 글라우디오가 죽음으로 유대인 추방명령이 해제 되었습니다. 유대인들이 다시 로마에 들어가 전도하면서 세운 교회가 유대인 교회가 된 것입니다. AD 57~58년경 사도 바울이 고린도에서 전도하던 중 로마에 있는 유대인 교회가 주장하는 교리와 이방인 교회에서 주장하는 교리가 서로 대조적으로 마찰이 있어 올바른 신앙의 원리를 설명하면서 로마서 1장부터 11장까지는 구원의 역사와 12장부터 16장까지는 예수 믿고 구원받은 사람들의 삶의 의무를 제시한 로마교회에 보낸 편지입니다.

1) 유대인 교회(8절)

예수님께서는 이스라엘에서 유대인으로 태어나셔서 유대인과 이방인 모두를 구원하시는 속죄 제물 되셔서 구원하셨습니다. 로마 황제 글라우디오가 죽음으로 유대인 추방 명령이 해제되었습니다. 유대인들이 다시 로마에 들어가 세운 교회가 유대인 교회가 되었습니다. 유대인들은 자신들이 수천 년 지켜오던 할례를 받고 율법을 지키면서 예수도 믿고 구원받는다는 교리를 주장하였습니다. 사도 바울은 이들에게 할례를 받고 율법을 지키므로 구원받는 것이 아니고 오직 예수 믿고 구원받음을 분명하게 정의해주었습니다. 만약 율법을 지키고 할례를 받음으로 구원받는다면 예수님이 이 세상에 오셔서 십자가에 죽으실 이유가 없음을 설명합니다. 지금도 행위로 구원받을 것으로 여기고 선행으로 구원받으려고 열심히 종교생활하고 선행을 하며 선행으로 구원받음을 주장하는 사람들이 많습니다. 오직 복음은 믿음으로 구원받습니다(롬 4:20~22, 5:2).

2) 이방인 교회(9절)

유대인인 예수님을 통하여 구원을 이루어 세워진 교회가 하나님의 긍휼로 말미암아 하나님의 영광을 위하여 이방인들에게도 교회를 세우게 하셨습니다. 유대인들이 로마에 와서 전도하여 교회를 세웠습니다. 그러나 로마 황제 글라우디오가 유대인 추방명령을 내려 유대인들이 로마를 떠나므로 로마 사람들이 교회를 섬기므로 이방인 교회가 되었습니다. 이방인 교회가 주장한 교리는 예수 믿고 죄 사함 받아 구원받은 사람은 죄에서 해방되었다 하면서 방종의 삶을 살고 있었습니다. 그러므로 사도 바울은 이방인 교회에게 말하기를 우리 모두의 죄 문제를 위해 예수님이 이 땅에 오셔서 십자가에서 속죄 제물 되어 주심으로 우리가 죄사람 받은 것인데 방종의 생활을 한다는 것은 구원받은 사람이라 할 수 없다. 구원받았다면 죄를 미워하고 죄를 멀리하며 죄의 습관과 계속 싸워 이기는 생활자라고 정의합니다.

3) 화합의 내용(10~13절)

하나님 아버지는 유대인 교회와 이방인 교회가 서로 사랑하고 화합하며 화목하여 하나 되기를 원하십니다. 그러면 무엇으로 화합하고 하나 될 수 있을까요?

(1) 구원의 복음과 기쁨이 다르면 하나 될 수 없습니다. 복음이 다른데 하나 되면 안 됩니다. 물과 기름이 하나 되지 않는 것과 같습니다. 오직 예수님을 구주로 믿고 구원받는 믿음으로 하나 되어 화합하는 우리 모두 되어야 합니다.

(2) 오직 예수님을 믿음으로 구원받은 사람들은 동일하게 하나님의 영광을 위한 목적으로 살아가며 하나님을 찬양하며 찬송하는 일로 화합하고 하나 되는 것입니다.

(3) 유대인 교회와 이방인 교회가 모두 천국의 소망으로 주님 재림을 기다리며 준비하는 신앙으로 화합하고 하나 되는 것입니다.

(4) 하나님의 사람들은 오직 성령 충만할 때 하나님의 능력으로 하나 되고 화합할 수 있습니다. 그러므로 성령을 사모해야 합니다.

✚ 이 세상의 모든 교회가 십자가의 복음으로 하나님의 영광을 위한 목적으로 천국의 소망으로 성령 충만으로 하나 되어 화합하는 은혜로 역사하기를 주 예수님의 이름으로 축복합니다. "아멘"

42

로마서 15:14~21
이방인 사도로서의 바울의 직무

14 묘내 형제들아 너희가 스스로 선함이 가득하고 모든 지식이 차서 능히 서로 권하는 자임을 나도 확신하노라 15 그러나 내가 너희로 다시 생각나게 하려고 하나님께서 내게 주신 은혜로 말미암아 더욱 담대히 대략 너희에게 썼노니 16 이 은혜는 곧 나로 이방인을 위하여 그리스도 예수의 일꾼이 되어 하나님의 복음의 제사장 직분을 하게 하사 이방인을 제물로 드리는 것이 성령 안에서 거룩하게 되어 받으실 만하게 하려 하심이라 17 그러므로 내가 그리스도 예수 안에서 하나님의 일에 대하여 자랑하는 것이 있거니와 18 그리스도께서 이방인들을 순종하게 하기 위하여 나를 통하여 역사하신 것 외에는 내가 감히 말하지 아니하노라 그 일은 말과 행위로 19 표적과 기사의 능력으로 성령의 능력으로 이루어졌으며 그리하여 내가 예루살렘으로부터 두루 행하여 일루리곤까지 그리스도의 복음을 편만하게 전하였노라 20 또 내가 그리스도의 이름을 부르는

곳에는 복음을 전하지 않기를 힘썼노니 이는 남의 터 위에 건축하지 아니하려 함이라 ²¹기록된 바 주의 소식을 받지 못한 자들이 볼 것이요 듣지 못한 자들이 깨달으리라 함과 같으니라

사도 바울은 이방인 중심으로 일평생 사명을 감당하였습니다. 사도 바울은 바나바와 함께 1차 전도 여행을 떠나 구브로섬과 밤빌리아의 버가 그리고 갈라디아 지방의 도시인 비시디아, 안디옥, 이고니온, 구스드라, 더베에서 복음을 전도한 후 돌아왔습니다. 그 후 사도 바울은 예루살렘 공의회에 참석하여 이방인들의 구원의 정당성을 인정받은 후 공식적으로 이방인 선교에 생명을 헌신했습니다. 계속해서 사도 바울은 2차와 3차 전도여행을 통하여 갈리디아 소아시아 마게도냐 아가야 지방에서 복음을 전도합니다. 그리고 3차 전도여행을 끝내고 예루살렘에 돌아온 바울은 체포되어 유대인들 앞에서 예수님을 만난 체험을 간증한 후 2년간 투옥되었습니다. 사도 바울의 상고로 로마 법정에 서기 위해 배를 태고 가이사랴를 출발해 로마로 가던 도중 큰 풍랑을 경험한 후 로마에 도착하여 복음을 전도하다 로마에서 순교하였습니다.

1) 예수의 일꾼(14~16절)

사도 바울은 이방인을 위한 사도로서 이방인을 전도하여 하나님 아버지께 제물로 드리는 그리스도 예수님의 일꾼이라고 자신의 직분에 대하여 분명하게 인식하고 사명을 감당하였습니다. 그러므로 사

도 바울은 이방인들을 사랑하여 형제로 여겨 이방인들의 구원을 위해 제물이 되었습니다. 그러므로 사랑하는 이방인들을 위해 로마서를 쓰는 것은 이방인들에게 하나님에 대한 올바른 지식과 구원의 진리에 대한 분명한 교훈을 주기 위한 것이라 말씀합니다. 로마서 총론을 보면 복음은 예수요 예수는 구원이며 예수 믿고 구원받은 하나님의 자녀들은 그리스도의 종이 된 것이며 그리스도의 일꾼이며 그리스도의 소유이며 성도라고 정의합니다. 성도된 우리는 하나님께 감사로 영광 돌리고 기도의 끈을 놓지 않는 것이며 연약한 형제를 섬기며 복음을 부끄러워하지 아니하며 복음의 빚진 자로서 살아가는 것이라 말씀합니다(롬 1:1~17).

2) 자랑할 것(17~19절)

사도 바울은 이방인의 사도로서 자랑할 것이 있다고 고백하였습니다. 그리스도 예수 안에서 하나님의 일에 대하여 자랑하였습니다. 자랑한 내용을 보면 자신을 하나님이 이방인의 사도로 세우시고 자신이 전도한 복음을 이방인들이 듣고 예수 믿고 구원받게 하신 하나님이 역사하신 사실을 자랑한다 하였습니다. 이방인들이 구원받게 하기 위해 예루살렘으로부터 일루리곤까지 그리스도의 복음을 편만하게 전하게 하심에 있어서 하나님의 표적과 기사와 능력으로 역사하심에 대하여 간증하였고 자랑하였습니다. 사도 바울이 자랑한 것같이 우리도 예수 믿고 구원받은 하나님의 은혜와 역사를 자랑해야 합니다. 주님의 몸 된 교회를 섬기는 은혜와 기적을 간증할 수 있어야 합니다. 십자가의 복음을 전하게 하시는 하나님의 은혜와 표적을 자랑해야 합니다.

3) 바울의 열망(20~21절)

사도 바울은 이방인 전도에 성령의 뜨거운 불을 받은 사람입니다. 그리스도의 이름을 부르는 교회가 있는 동네에서는 전도하지 않았다고 합니다. 그 이유는 교회가 없는 동네 그리스도의 복음을 들어보지 못한 사람들에게 전도하기 위함이었습니다. 복음을 한 번도 들어보지 못한 사람들에게 전도하기 위함이었습니다. 복음을 한 번도 들어보지 못한 사람들에게 더 많이 전도하고자 하는 열망이 뜨거웠음을 봅니다. 사도 바울의 전도의 열망으로 많은 사람을 전도하였고 헤아릴 수 없는 많은 사람이 구원받았으며 구원받은 이들이 교회를 세웠습니다. 그러므로 이천여 년 동안 그리스도인의 모범이 되었습니다. 지금도 뜨거운 성령의 불을 받은 만큼 역사를 이루어 가는 것입니다. 전도의 열망이 있는 만큼 전도하고 기도의 열망이 있는 만큼 기도하고 교회를 위해 봉사하고 섬기는 열망이 있는 만큼 교회를 위해 헌신합니다. 형제와 목회자를 섬기는 열망에 따라 섬기고 돕는 것입니다. 예수님을 닮고자 하는 열망에 따라 예수님의 제자로 성장하는 것입니다.

✚　　사도 바울처럼 이방인의 사도로서의 사명감으로 전도의 열망으로 예수의 일꾼으로 자랑할 것이 있는 자가 되기를 주 예수님의 이름으로 축복합니다. "아멘"

43

로마서 15:22~29
바울의 로마 방문 계획

²² 그러므로 또한 내가 너희에게 가려 하던 것이 여러 번 막혔더니 ²³ 이제는 이 지방에 일할 곳이 없고 또 여러 해 전부터 언제든지 서바나로 갈 때에 너희에게 가기를 바라고 있었으니 ²⁴ 이는 지나가는 길에 너희를 보고 먼저 너희와 사귐으로 얼마간 기쁨을 가진 후에 너희가 그리로 보내주기를 바람이라 ²⁵ 그러나 이제는 내가 성도를 섬기는 일로 예루살렘에 가노니 ²⁶ 이는 마게도냐와 아가야 사람들이 예루살렘 성도 중 가난한 자들을 위하여 기쁘게 얼마를 연보하였음이라 ²⁷ 저희가 기뻐서 하였거니와 또한 저희는 그들에게 빚진 자니 만일 이방인들이 그들의 영적인 것을 나눠 가졌으면 육적인 것으로 그들을 섬기는 것이 마땅하니라 ²⁸ 그러므로 내가 이 일을 마치고 이 열매를 그들에게 확증한 후에 너희에게 들렀다가 서바나로 가리라 ²⁹ 내가 너희에게 나아갈 때에 그리스도의 충만한 복을 가지고 갈 줄을 아노라

사도 바울은 로마에 가서 전도하며 로마에 있는 그리스도인들에게 올바른 복음으로 신앙을 세워주려고 로마 방문 계획을 밝히고 믿음으로 얻는 의를 설명하였습니다. 사람이 하나님께로부터 의를 얻는 방법은 오직 믿음이라고 주장합니다. 율법을 알지 못하는 이방인과 율법을 아는 유대인과 복음을 전도하는 전도자 모두가 행위로 심판하시는 하나님 앞에 의롭지 못함을 강조합니다. 그러므로 모든 사람이 죄를 범하였기 때문에 모든 인류에 대한 하나님의 심판은 필연적입니다. 그러나 사람이 하나님께로부터 의를 얻어 하나님의 심판을 피할 수 있는 방법이 있으니 그것이 믿음이라고 강조합니다. 바울은 아브라함을 예로 들어 아브라함이 하나님께로부터 의를 얻은 방법은 오직 그가 하나님의 말씀을 믿었기 때문이라고 설명합니다. 말씀이 육신이 되어 이 땅에 오신 예수 그리스도를 믿음으로 의롭게 되며 아담의 죄로 인해 인류에게 사망이 보편화되었듯이 그리스도를 믿음으로 인해 믿는 사람에게 하나님의 의가 보편화되었음을 말씀합니다.

1) 바울의 꿈(22~24절)
사도 바울은 로마에 가서 전도하기 위한 꿈을 꾸며 기도하면서 계획하며 노력하였으나 여러 번 길이 막혀 가지 못하였다고 고백합니다. 그러나 서바나(스페인)로 전도여행을 하는 중에라도 로마에 가서 잠시라도 로마에 있는 사람들에게 복음을 전도하며 로마에 있는 그리스도인들에게 복음을 전도하여 올바른 신앙을 세워주고 신령한 은혜를 나누어 주어 교회를 든든히 세워주기를 소원하여 꿈을 꾸었습니다. 그러나 사도 바울의 꿈꾸는 길이 막힌다고 포기하지 않고 계속 기도하며 노력하였습니다. 최후에 하나님이 바울의 꿈을 이루도록 허락하셔서 사도 바울은 로마에 가서 복음을 전도하다가 단두대에서 목이 잘려 순교하였습니다. 이로 인해 로마가 복음화 되어 기독교국가가 되어 로마를 통해 복음이 전 세계에 전도되는 역사가 이루어졌습니다. 우리도 바울처럼 전도의 꿈을 꾸고 기도하고 준비하면, 길이 막혀도 포기하지 아니하면 열매 맺는 날이 올 것입니다.

2) 섬기는 일(25~27절)

예루살렘 교회가 경제적인 큰 어려움이 있다는 소식을 들은 마게도냐 교회와 아가야교회 성도들이 자원하여 구제헌금을 기쁘게 드려 사도 바울에게 예루살렘교회에 전달해 주기를 요청하여 사도 바울은 경제적으로 어려움을 당한 예루살렘교회에 가서 섬긴 것에 대해 말씀합니다. 마게도냐 교회와 아가야교회들은 예루살렘교회를 통하여 복음을 받았으니 이는 영적인 것을 받은 것이므로 육신적인 물질로 섬기는 것이 마땅한 일이라 말씀합니다. 전도자 바울은 복음전도로 영적인 것으로 모든 사람을 섬기는 일을 하였습니다. 바울에게 복음을 받은 사람들이 사도 바울을 따라 다니면서 육적인 것으로 물질로 섬김으로 바울은 복음전도에 더 많은 일을 하였고 많은 열매가 있었습니다. 그러므로 우리는 영적인 것과 육적인 것으로 섬기는 일생을 살아가는 것입니다. 교회의 역사는 영적인 것으로 심고 육신적인 것으로도 심는 것으로 말미암아 열매를 맺어가고 있는 것입니다.

3) 바울의 열정(28~29절)

사도 바울은 예루살렘교회를 섬기는 일을 마치고 열매를 확인한 후에 로마에 들러 전도하고 서바나(스페인)에 가서 전도할 것을 말씀합니다. 로마에 가서 사도 바울은 그리스도의 충만한 복을 가지고 갈 것을 강조합니다. 사도 바울이 로마에 가서 복음을 전도하며 복음을 정의해 주어 바른 신앙인으로 세우고자 하는 바울의 열정을 볼 수 있습니다. 그리고 성령 충만의 영적역사와 은사를 받게 하여 능력 있게 복음을 전도하며 교회를 섬기게 하고자 하는 열정이 있었습니다. 바울은 하나님의 교회가 건강하게 세워지기 위해 섬기는 가르침을 주고자 하는 열정이 있음을 봅니다. 교회들이 이렇게 아름답게 든든히 서 있는 것은 영적인 것으로 섬기고자 하는 목회자들의 열정과 육적인 것과 물질적인 것으로 섬기고자 하는 성도들의 열정의 열매입니다. 주님 재림하시는 날까지 계속되어야 할 것입니다.

✚　　사도 바울 같이 전도를 꿈꾸고 영적인 것과 육적인 것으로 섬기고 영혼을 향한 열정으로 새 역사를 날마다 이루어가시기를 주 예수님의 이름으로 축복합니다. "아멘"

44

로마서 15:30~33
바울의 중보기도와 축복

³⁰형제들아 내가 우리 주 예수 그리스도와 성령의 사랑으로 말미암아 너희를 권하노니 너희 기도에 나와 힘을 같이하여 나를 위하여 하나님께 빌어 ³¹나로 유대에서 순종하지 아니하는 자들로부터 건짐을 받게 하고 또 예루살렘에 대하여 내가 섬기는 일을 성도들이 받을 만하게 하고 ³²나로 하나님의 뜻을 따라 기쁨으로 너희에게 나아가 너희와 함께 편히 쉬게 하라 ³³평강의 하나님께서 너희 모든 사람과 함께 계실지어다 아멘

사도 바울은 믿음으로 하나님의 의를 얻은 사람은 죄에서 죽은 자가 되었으며 의에는 산자가 되었기에 믿음으로 의인된 성도는 불의의 무기에서 의의 무기로 죄의 종에서 의의 종으로 변화되어야 하는 존재가 되었음을 강조합니다. 그러면서 바울은 율법으로부터 해방된 성도가 율법의 요구를 이루기 위해 내적 갈등을 일으키지만 결국

연약한 인간의 노력으로는 그 요구를 이룰 수 없다고 단정하며 성도가 온전히 하나님의 요구를 이루기 위해서는 성령의 도우심의 사역이 절대적이라고 강조합니다. 이어 바울은 성령님께서 성도 속에서 역사하시는 사역은 죄와 사망의 법에서 해방시키시고 성도로 하여금 하나님의 양자의 신분을 유지하게 하시며 성도의 연약함을 도우시며 성도와 그리스도와의 사랑의 관계를 끊임없이 유지시키시는 일을 하신다고 설명합니다. 사도 바울은 로마에 있는 성도들에게 믿음으로 얻는 의와 구원의 역사와 구원받은 성도의 의무를 말씀하고 기도를 요청하였습니다.

1) 바울의 중보기도 요청(31~32절)

사도 바울은 나를 위해 기도해달라고 중보기도를 요청하였습니다. 이는 기도의 위력을 체험했기에 확신 있는 자의 신앙고백이라 할 수 있습니다. 기도는 예수 그리스도의 성령님의 힘으로 하는 것입니다. 성령님의 역사가 없는 기도는 중언부언하는 기도가 됩니다. 그리고 형제를 사랑하는 마음으로 기도할 때 간절함이 우러나오는 기도가 될 때 응답이 있습니다. 그리고 기도는 서로가 서로를 위해 기도하고 마음과 뜻과 정성을 모아 힘을 합하여 기도하면 하나님이 들으시고 기적이 일어납니다. 사도 바울의 기도 요청은 세 가지로 볼 수 있습니다.

(1) 복음을 전도하는 사도 바울을 박해하고 괴롭히는 유대인들을 위해 중보기도를 요청했습니다. 유대인들 중에는 사도 바울을 죽이

기 위해 비밀결사대가 움직이고 있었습니다. 생명의 위협을 느끼면서도 계속 전도하며 기도를 요청하는 바울의 당부를 볼 때 우리도 전도에 어려움이 있어도 중단하지 말고 복음을 전도해야 할 것입니다. 사탄 마귀는 중단 없이 계속 복음전도를 방해하고 있음을 인식하고 담대하여 예수 이름으로 대적하여 복음전도를 중단하지 말고 계속하는 것입니다. 교회에는 사탄 마귀의 역사로 어려운 일들이 순간순간 있으나 성도들의 뜨거운 기도로 오늘의 교회가 있는 것입니다. 계속 중보 기도를 해야 합니다.

(2) 예루살렘교회의 경제적인 어려움을 위해 이방인교회에서 구제헌금을 모아 예루살렘교회를 섬기려 하는데 유대인들이 거부하지 않고 수용하는 열매 맺기를 기도 요청한 것입니다. 사도 바울의 기도 요청과 같이 목회 현장의 열매를 위해 기도 부탁드립니다.

(3) 로마교회를 방문할 수 있는 하나님의 은혜가 있기를 중보기도 요청하였습니다. 교회가 성령 충만한 역사로 영혼을 살리고 건강한 그리스도인을 세우는 사역이 계속되어지도록 중보 기도해야 합니다.

2) 바울의 축복 선포

평강의 하나님이 독생자 외아들 예수님을 이 땅에 보내시고 십자가에서 속죄 제물 되게 하시고 죄인 되어 하나님과 원수 되었던 인생들을 구원하시고 영원한 평강을 주신 하나님이 함께하시기를 선포하였습니다. 축원은 하나님의 은혜가 임하기를 기도하는 것이고 축복은 하나님의 사자의 권위로 하나님의 복을 선포하는 것입니다. 하나님은 모세에게 말씀하시기를 제사장들이 하나님의 복을 선포하라 하여 구약시대에 축복하였습니다(민 6:22~26). 그러므로 사도 바울은 사도의 권위로 하나님의 복을 선포하였으며 오늘날 목사가 하나님의 사자의 권위로 축복을 선포하는 것입니다(계 2:1). 성도들은 예배 마칠 때 축복선포에 반드시 아멘으로 화답하여 하나님의 복이 임할 것을 바라보아야 합니다. 서로가 서로를 축복하는 것도 좋은 일이나 교회의 사자의 권위로 축복하고 축복받는 것은 더욱 소중한 것입니다.

✚   사도 바울의 중보기도 요청과 같이 서로가 서로를 위하여 중보기도 하고 교회와 목회자를 위해 중보기도 하고 나라와 민족을 위해 중보기도 하여 풍성한 응답의 열매가 있기를 주 예수님의 이름으로 축복합니다. "아멘"

45

로마서 16:1~16

바울을 섬긴 사람들

¹내가 겐그레아 교회의 일꾼으로 있는 우리 자매 뵈뵈를 너희에게 추천하노니 ²너희는 주 안에서 성도들의 합당한 예절로 그를 영접하고 무엇이든지 그에게 소용되는 바를 도와 줄지니 이는 그가 여러 사람과 나의 보호자가 되었음이라 ³너희는 그리스도 예수 안에서 나의 동역자들인 브리스가와 아굴라에게 문안하라 ⁴그들은 내 목숨을 위하여 자기들의 목까지도 내놓았나니 나뿐 아니라 이방인의 모든 교회도 그들에게 감사하느니라 ⁵또 저의 집에 있는 교회에도 문안하라 내가 사랑하는 에배네도에게 문안하라 그는 아시아에서 그리스도께 처음 맺은 열매니라 ⁶너희를 위하여 많이 수고한 마리아에게 문안하라 ⁷내 친척이요 나와 함께 갇혔던 안드로니고와 유니아에게 문안하라 그들은 사도들에게 존중히 여겨지고 또한 나보다 먼저 그리스도 안에 있는 자라 ⁸또 주 안에서 내 사랑하는 암블리아에게 문안하라 ⁹그리스도 안에서 우리의 동역자인 우르바노와 나의 사랑하는 스다구에게 문안하라 ¹⁰그리스도 안에서

인정함을 받은 아벨레에게 문안하라 아리스도불로의 권속에게 문안하라 ¹¹ 내 친척 헤로디온에게 문안하라 나깃수의 가족 중 주 안에 있는 자들에게 문안하라 ¹² 주 안에서 수고한 드루배나와 드루보사에게 문안하라 주 안에서 많이 수고하고 사랑하는 버시에게 문안하라 ¹³ 주 안에서 택하심을 입은 루포와 그의 어머니에게 문안하라 그의 어머니는 곧 내 어머니니라 ¹⁴ 아순그리도와 블레곤과 허메와 바드로바와 허마와 및 그들과 함께 있는 형제들에게 문안하라 ¹⁵ 빌롤로고와 율리아와 또 네레오와 그의 자매와 올름바와 그들과 함께 있는 모든 성도에게 문안하라 ¹⁶ 너희가 거룩하게 입맞춤으로 서로 문안하라 그리스도의 모든 교회가 다 너희에게 문안하느니라

하나님의 소명을 받아 사명을 감당한 많은 사람들 가운데, 성경에 나오는 인물들 중에 사도 바울은 최고로 값지게 쓰임 받았음을 봅니다. 사울은 스데반 집사를 돌에 맞아 죽게 하고 살기가 등등하여 예수 믿는 사람들을 옥에 가두거나 죽이기 위해 다메섹으로 가는 도중에 빛으로 임하신 예수님을 만난 후 예수님을 구세주로 믿고 전도자의 삶을 살면서 많은 사람들에게 전도하고 교회를 세우고 성경을 많이 쓰는 하나님의 일꾼으로 쓰임 받았습니다. 사도 바울이 한평생 사역하는 데는 본문에 나오는 많은 사람들이 사도 바울을 도와 섬김으로 필요를 공급받아 많은 일을 하였습니다. 이는 하나님께서 사도 바울을 섬기는 은혜를 주신 것입니다. 하나님은 이들의 후손들에게 복을 주시고 하늘나라에서 상급으로 보상받을 것이며 사도 바울도 영원한 천국에서 최고의 상급으로 보상 받을

것입니다.

1) 뵈뵈(1~2절)

사도 바울은 로마에 있는 성도들에게 믿음으로 얻는 하나님의 의와 구원의 역사와 구원받은 성도들의 의무에 대하여 편지를 쓰고 마지막으로 주님의 교회를 위해 복음 전도를 위해 헌신한 사람들을 귀하게 여기며 노후에 필요를 공급해주며 섬길 것을 당부하였습니다. 많은 사람들 중에 제일 먼저 뵈뵈 자매를 말씀합니다. 뵈뵈는 겐그리아 교회의 일꾼이며 바울의 보호자라고 소개합니다. 오늘도 교회의 일꾼이며 목회자를 보호하는 분들이 있기에 목회를 통해 교회가 존재하는 것입니다. 혹 자신이 교회의 일꾼이라 자처하면서 목회자를 해롭게 하는 분들도 있습니다. 그러므로 목회를 포기하는 분도 있고 교회가 무너지기도 합니다. 오늘의 교회도 뵈뵈 같은 집사님, 권사님들이 있게 하셔서 하나님께 영광을 돌리고 복음을 전하게 하십니다. 하나님이 영원한 것으로 보상하실 것입니다.

2) 브리스가와 아굴라(3~4절)

사도 바울은 뵈뵈 집사 다음에 브리스가와 아굴라 집사를 말씀합니다. 이는 부부가 합심하여 복음을 전도하는 사도 바울의 목숨과, 신변을 보호하기 위해 자기 목숨을 내놓았다고 설명합니다. 그러므로 나의 동역자라고 말씀합니다. 브리스가와 아굴라 부부는 사도 바울의 전도 현장에 언제나 같이 하면서 필요를 공급해주는 일에 전심

전력하였습니다. 그러므로 자신의 삶이 없는 사도 바울을 위한 삶이었습니다. 이들은 영원한 천국에서 가장 귀한 것으로 하나님께 보상받을 것입니다. 오늘의 교회에도 장로 부부와 집사 부부가 목회의 동역자로 자신의 가장 귀한 것으로 섬기는 분들이 있기에 목사님들이 목회하고 있는 것입니다. 부부가 합심해서 섬기면 더 큰 힘이 됩니다. 주님 오시는 날까지 목회자의 동역자로서 브리스가와 아굴라 같은 부부가 되어 합심하여 목회자를 섬길 때 교회의 역사는 계속될 것입니다.

3) 수고한 사람들(5~16절)

뵈뵈 집사와 브리스가와 아굴라 부부 집사가 특별하게 두드러진 섬김의 사람들이었다면 그 외 사도 바울의 사역을 도와주었던 많은 사람들이 있습니다. 너희를 위해 많이 수고한 마리아에게 문안하라 말씀합니다. 주 안에서 수고한 두르배나와 드루보사와 버시아에게 문안하라 말씀합니다. 교회를 위해 목회자를 위해 크게 쓰임 받는 분들도 있지만 작은 일에 쓰임 받는 사람들도 많이 있습니다. 하나님은 그때그때 필요한 것들을 하나님의 일꾼들을 통해서 채워주십니다. 드러나게 섬기는 사람도 있고 드러나지 않게 섬기는 사람도 있습니다. 교회와 목회자를 섬기기 위해 수고하는 모두가 하나님의 은혜입니다. 세상에서 가장 값진 일을 하는 것이며 영원한 상급을 준비하는 지혜로운 사람입니다. 영원한 승리자가 되는 것입니다.

✚   뵈뵈 집사와 브리스가와 아굴라 부부 집사와 마리아와 같이 교회와 목회자를 위해 섬김으로 영원한 승리자 되시기를 주 예수님의 이름으로 축복합니다. "아멘"

46

로마서 16:17~20
분파주의자 경계

17 형제들아 내가 너희를 권하노니 너희가 배운 교훈을 거슬러 분쟁을 일으키거나 거치게 하는 자들을 살피고 그들에게서 떠나라 **18** 이같은 자들은 우리 주 그리스도를 섬기지 아니하고 다만 자기들의 배만 섬기나니 교활한 말과 아첨하는 말로 순진한 자들의 마음을 미혹하느니라 **19** 너희의 순종함이 모든 사람에게 들리는지라 그러므로 내가 너희로 말미암아 기뻐하노니 너희가 선한 데 지혜롭고 악한 데 미련하기를 원하노라 **20** 평강의 하나님께서 속히 사탄을 너희 발 아래에서 상하게 하시리라 우리 주 예수의 은혜가 너희에게 있을지어다

사도 바울은 로마 교회를 위한 편지에서 마지막으로 로마 교회를 염려하여 평안하여 든든히 서가는 교회를 흔들어 교회를 어지럽히고 편당을 만들어 싸우게 하는 분파주의자들을 경례하라 말씀합니다. 요한계시록(2~3장)을 보면 예수님께서도 사도 요한을 통하여 아시

아에 있는 일곱 교회에 관심을 집중하시고 말씀하셨습니다. 참 신앙의 사람들은 언제나 교회를 염려하고 평안하여 든든히 서가기를 위해 헌신합니다. 교회는 하나님 중심, 교회 중심, 목회자 중심으로 서 있는 교회가 평안하여 든든히 서 있는 교회입니다. 이 외에 특정한 사람 중심으로 교회 안에 뭉쳐 있으면 이들은 분파주의자들이니 이런 자들과 함께 하면 사탄의 종노릇하게 되는 것입니다.

1) 경계할 사람(17절)

형제들아 내가 너희를 권하노니 너희가 배운 교훈을 거슬러 분쟁을 일으키는 사람들을 경계하라 말씀합니다. 성경말씀의 가르침을 잘 받고 순종하는 사람들과 함께 하면 항상 은혜 가운데 사는 복을 받습니다. 그리고 말씀을 거슬러 다른 말을 하고 부정적으로 말하며 의심하도록 유도하며 자기편을 만드는 사람들에게서 떠나야 합니다. 이런 자들과 함께하면 같은 사람이 됩니다. 사탄의 도구가 되는 것입니다. 경계할 사람들은 어디에나 과거에도 있었고 현재에도 있고 미래에도 있을 것입니다. 우리나라 국민인데 거슬러 분쟁을 일삼으며 떼를 지어 데모하고 폭력으로 일삼으며 대한민국이 무너지게 하는 사람들에게서 떠나야 합니다. 자기가 몸담고 있는 직장이 무너지게 하는 데 앞장서며 자기 유익만을 위해 거슬러 분쟁하는 사람에게서 떠나야 합니다. 교회 안에도 교회를 거슬러 거치게 하는 분파주의자들이 있습니다. 이런 자들에게서 떠나야 합니다.

2) 경계할 자들의 실체(18절)

본문 말씀에 가르침을 거슬러 거치게 하는 자들의 실체의 근본을 잘 가르쳐 줍니다. 이들은 예수님을 잘 믿는 것처럼 포장하지만 실제는 예수님을 섬기지 않는 사람입니다. 이들은 자기들의 배만 채우는 사람입니다. 개인적 이익을 위해 교활한 말과 아첨하는 말로 순진한 자들의 마음을 미혹하는 것입니다. 특히 교회 안에서 개인적 이익을 위해 교회를 혼란에 빠지게 하는 사람들의 위선에 어린 신앙들이 이용당하는 것입니다. 이단들을 보면 자신들의 교주를 관철시키기 위해 성경을 이용하는 것을 보게 됩니다. 거짓말로 전도하라고 교육시키고 교육받고 행동하는 거짓선지자가 많습니다. 사람을 사랑하며 민주주의를 열창하며 잘 사는 나라를 만들자고 하면서 폭력을 일삼고 기물을 파괴하는 공산주의 사람들의 행태를 볼 수 있습니다. 복지국가를 앞세우며 나라를 망하게 하는 정치인들도 보여집니다. 북한의 공산주의를 보면 김일성, 김정일, 김정은 이를 위해 모든 인민들을 이용해서 권력유지를 계속하므로 인민들에게 고통을 주고 있음을 보게 됩니다.

3) 순종의 사람(19~20절)

너희의 순종함이 모든 사람들에게 들리는지라 그러므로 내가 너희로 말미암아 기뻐한다 말씀하시고 선한데 지혜롭고 악한데 미련하라 하십니다. 사도 바울은 순종한다는 소리를 듣고 기뻐하였습니다. 하나님도 기뻐하실 것입니다. 순종이란 믿음의 열매입니다. 이는 선한데 지혜롭고 악한데 미련한 것입니다. 마귀 사탄은 끊임없이 하나님 말씀을 불순종하도록 역사합니다. 하나님은 이스라엘 민족을 광야 40년 동안 순종훈련을 시키셨습니다. 하나님 말씀에 순종하는 사람들은 여호수아를 통해 말씀하시는 하나님의 말씀을 받고 요단강을 홍해 바다의 기적으로 건넜습니다. 여리고성 점령을 앞두고 하나님이 할례를 베풀라 하셨고 이스라엘 민족은 순종하여 할례를 받았습니다. 한 사람도 거부하지 않고 하나님의 말씀 따라 여리고 성을 돌때 여리고 성이 무너졌습니다. 여리고를 점령하였습니다. 순종하는 사람은 예수님을 닮은 예수님의 제자입니다.

✚　　항상 교회를 살펴 말씀을 거슬러 분쟁을 일으키거나 거치게 하는 자들에게서 떠나 순종하는 사람이 되어 하나님을 기쁘시게 하고 복을 받으며 하늘에 상급을 준비하는 은혜가 있기를 주 예수님의 이름으로 축복합니다. "아멘"

47

로마서 16:21~27
마지막 인사와 송영

²¹ 나의 동역자 디모데와 나의 친척 누기오와 야손과 소시바더가 너희에게 문안하느니라 ²² 이 편지를 기록하는 나 더디오도 주 안에서 너희에게 문안하노라 ²³ 나와 온 교회를 돌보아 주는 가이오도 너희에게 문안하고 이 성의 재무관 에라스도와 형제 구아도도 너희에게 문안하느니라 ²⁴ (없음) ²⁵ 나의 복음과 예수 그리스도를 전파함은 영세 전부터 감추어졌다가 ²⁶ 이제는 나타내신 바 되었으며 영원하신 하나님의 명을 따라 선지자들의 글로 말미암아 모든 민족이 믿어 순종하게 하시려고 알게 하신 바 그 신비의 계시를 따라 된 것이니 이 복음으로 너희를 능히 견고하게 하실 ²⁷ 지혜로우신 하나님께 예수 그리스도로 말미암아 영광이 세세무궁하도록 있을지어다 아멘

복음이신 예수님을 믿음으로 구원받은 사람은 하나님의 자녀가 되었으니 그리스도의 종으로 일꾼으로 소유로 성도가 된 것입니

다. 그러므로 복음이 전도됨으로 감사하며 기도를 쉬지 않으며 형제를 섬기며 복음을 부끄러워하지 아니하고 복음의 빚진 자로 살아가는 것입니다(1:1~17). 하나님을 믿지 않는 이방인의 죄와 남을 판단하는 유대인의 죄로 의인은 없나니 하나도 없습니다(1:18~3:31). 아브라함이 하나님을 믿음으로 의인된 것처럼 예수님을 구주로 믿을 때 구원받습니다(4:1~5:21). 세례 받고 죄 사함 받으면 부활의 생명으로 성화되어지도록 성령님께서 영원한 구원을 이루십니다(6:1~8:39). 하나님은 과거 구원과 현재 구원과 미래 구원을 이루어 가십니다(9:1~11:36). 구원받은 성도들은 하나님에 대한 예배 의무와 교회에 대한 봉사의 의무와 사회에 대한 사랑의 의무가 있습니다. 말세에 그리스도로 옷 입고 서로의 약점을 보충해주며 목회자를 섬겨 동역자로서 복음을 전파하며 교회를 든든히 세워가는 것입니다(12:1~16:27).

1) 문안 인사(21~23절)

로마 교회에 보내는 사도 바울의 마지막 편지 내용을 보면 로마 교회에 문안인사로 마무리를 합니다. 이 인사는 사도 바울과 함께 동역하는 사역자들이 하는 것입니다. 세상에서도 인사 잘하는 예절 바른 사람을 칭찬합니다. 특히 예수 믿고 구원받은 사람들은 세상 사람들보다 더 인사를 잘하여 예절 바른 사람으로 칭찬 받으면 전도의 열매를 맺을 수 있습니다. 사도 바울의 사역을 도왔던 사람 중에는 평신도로서 생업을 가지면서 바울을 섬겼던 뵈뵈와 브리스가와 아굴라와 여러 사람들이 있었습니다(16:1~16). 그리고 본문에 나오는 바울의 동역자들은 사역자로서 바울을 섬겼습니다. 교회는 언제나 평신도들의 도움과 사역자들의 도움으로 하나님의 교회를 든든히 세워가는 것입니다. 언제나 하나님이 평신도들을 통해 목회를 돕게 하셨고 사역자들을 보내서 목회를 섬기게 하므로 교회가 든든하게 세워져갑니다. 이들에게 하나님이 보상하심을 봅니다.

2) 나의 복음(25~26절)

사도 바울은 고백하기를 나의 복음인 예수 그리스도를 전파했다고 고백합니다. 각자 개인의 복음이 예수 그리스도이어야 구원받습니다. 남의 복음이 되고 내 복음이 예수 그리스도가 아니 되면 구원받지 못하고 멸망합니다. 나의 복음인 예수 그리스도는 여자의 후손(창 3:15)으로 감추어졌는데 선지자를 통해 하나님이 계시하신 예수님은 말씀이 육신이 되어 이제 나타내신바 동정녀 마리아에게 나시고(마1:20~23) 십자가에서 속죄 제물로 죽으시고 부활의 첫 열매로 우리에게 영생을 주신 신비의 계시를 따라 된 것입니다. 이 복음으로 우리의 구원을 견고하게 하여 완벽한 구원을 이룬 것입니다. 그러므로 이 세상에서 가장 소중한 것은 구원이요 영생입니다. 이 세상의 모든 것들은 잠깐 있다가 없어지는 것들입니다. 그러나 천국은 영원한 것입니다. 그러므로 이 세상에서 영생을 준비하는 사람은 지혜로운 사람입니다. 어리석은 사람은 천국을 준비하지 아니하고 현실에 취해 살아가는 사람들입니다.

3) 하나님께 영광(27절)

사도 바울이 로마 교회에 보내는 편지 마지막 말씀은 하나님께 영광이 예수 그리스도로 말미암아 세세토록 무궁하도록 있을 것을 선포하였습니다. 성령 충만한 사도 바울의 결론은 하나님께 영광이 세세토록 있는 것입니다. 그러므로 그리스도인들의 모든 것의 결론은 하나님께 영광이 되어야 하는 것입니다. 너희가 먹든지 마시든지 무엇을 하든지 다 하나님의 영광을 위하여 하라 하십니다(고전 10:31). 우리의 먹고 마시는 일이 하나님께 영광이 되어야 합니다. 우리가 먹고 마시는 것이 하나님께 영광이 되지 아니하면 먹지도 말고 마시지도 말아야 합니다. 우리가 존재하는 목적은 하나님께 영광을 돌리기 위해 있습니다. 그러므로 내 중심의 삶이 아니라 하나님 중심의 삶을 살아가는 것입니다. 너희가 열매를 많이 맺으면 내 아버지께서 영광을 받는다 하셨습니다(요 15:8). 그러므로 우리는 생각의 열매, 마음의 열매, 입술의 열매, 행동의 열매를 많이 맺으면 하나님께 영광을 돌리고 제자의 삶으로 성공적인 그리스도인이 되는 것입니다.

✚　　우리는 로마서를 통하여 믿음으로 얻는 의와(1:1~8:39) 구원의 역사와(9:1~11:36) 성도의 의(12:1~16:27)에 대한 말씀으로 47번 은혜를 받았습니다. 받은 말씀대로 하나님께 영광을 세세토록 올려드리는 자가 되시기를 주 예수님의 이름으로 축복합니다. "아멘"

4부

로마서를 마친 후
단위별 설교요약

48

— • ❖ • —

복음으로 열매 맺는 해(신년 설교)

(로마서 1:1~17)

로마서 전체를 크게 구분하면 1장부터 11장은 구원을 말씀하고 12장부터 16장까지는 열매를 말씀합니다.

1) 총론(복음과 나) (1:1~17)

(1) 복음(2~4절) : 본문에서 복음을 정의합니다. 복음이란 그의 아들 예수입니다. 예수의 의미는 저희 백성을 죄에서 구원(마 1:21)입니다. 죄에서 구원받으려면 십자가에서 대속 제물 되신 예수님께 회개하고 죄 사함 받으면 예수님의 부활의 생명으로 거듭나는 것입니다. 물과 성령으로 중생한 사람이 구원받습니다. 구원은 천국을 의미합니다. 그러므로 복음은 예수이고 예수는 구원이고 구원은 천국입니다.

(2) 신분(1:1, 5~7) : 구원받아 마음에 천국이 있는 사람은 신분이

변화되어 마귀의 자녀가 하나님의 자녀가 된 것입니다. 하나님의 자녀 된 사람은 하나님을 주인으로 모시고 하나님의 종으로 살아 하나님의 일꾼이 되고 하나님의 소유가 되고 성도가 된 것입니다.

(3) 반응(8~17절) : 복음 되시는 예수님을 믿고 구원받은 사람은 하나님의 종이 되어 모든 것을 하나님께 맡기고 하나님의 뜻대로 살아가기에 범사에 감사가 되어 쉬지 않고 기도로 살아가며 받은 은혜에 취하여 하나님을 섬기고 이웃을 섬기게 됩니다. 복음의 빚진 자로 전도에 힘쓰며 예수 믿고 구원받은 것을 자랑스럽게 여기고 당당하게 살아가며 담대히 복음 전도하며 믿음으로 살아가는 의인입니다.

2) 구원(1:18~11:36)

(1) 죄(1:18~3:31) : 1장은 이방인의 죄를 말씀합니다. 하나님을 믿지 않는 구원받지 못한 사람은 하나님보다 자신의 육적인 것을 더 귀중히 여기며 하나님을 주인으로 섬기지 아니하는 죄입니다. 2장은 유대인의 죄를 말씀합니다. 이는 교회 다니는 사람들의 죄로 판단하지 말라하십니다. 그를 지으신 분이 하나님이고 신앙의 수준이 다르고 은사가 다르기 때문입니다. 판단하실 분은 하나님입니다. 3장은 전 인류가 죄인이라 말씀합니다. 의인은 한 사람도 없다 하셨고 모든 사람이 죄를 범했다고 하셨습니다.

(2) 믿음(4:1~5:21) : 4장은 아브라함의 믿음을 말씀합니다. 아브라함이 행함이 의로워서 의인이 아니라 하나님을 믿는 믿음으로 믿음의 조상이 되었다고 말씀합니다. 5장은 예수 그리스도를 믿는 믿

음으로 구원받음을 말씀합니다. 죄 사함을 받은 사람은 믿어지는 믿음이 오고 믿어지는 믿음이 구원의 증거입니다.

(3) 성화(6:1~8:39) : 6장은 성화를 말씀하는데 하나님의 사람으로 새롭게 출생함은 십자가와 연합할 때 부활과 연합되어 구원받은 사람으로 성화되는 것입니다. 7장은 율법을 말씀합니다. 구원받은 사람은 율법에서 해방되었다 선포합니다. 그러나 육체가 계속 타락된 본성으로 율법으로 끌고 가기에 내적 전투를 하는 것입니다. 죄와 싸우는 것입니다. 사도 바울은 탄식하기를 오호라 곤고한 몸이로다 하였습니다. 이는 구원받은 사람의 증거입니다. 8장은 성령을 말씀합니다. 성령으로 거듭난 사람은 성령의 법이 죄와 사망의 법에서 너를 해방했다 하셨습니다.

(4) 구원의 역사(9:1~11:36) : 9장에서 과거 구원으로 아브람의 구원이 하나님의 주권으로 이루어졌으니 하나님의 은혜라 말씀합니다. 10장에서 현재 구원을 말씀합니다. 하나님은 지금도 전도자를 보내 구원받을 자들을 찾고 있다 하셨습니다. 11장에서 미래 구원을 말씀합니다. 이방인의 수가 차면 유대인을 구원하고 예수님이 재림하실 것을 2000년 전에 말씀하셨고 말씀대로 이루어지고 있습니다.

3) 열매(12:1~16:27)

(1) 하나님에 대한 열매(12:1~2) : 하나님을 주인으로 섬기는 구원받은 사람은 예배드리기를 사모하여 예배의 열매를 맺습니다. 그러므로 주일성수를 철저하게 하게 됩니다. 소득의 십일조를 자원하

여 드리며 범사에 감사하여 하나님께 열매로 나타납니다.

(2) 교회의 열매(12:3~13, 14:1~16:27) : 주님의 몸 된 교회의 지체로서 받은 은사대로 기능대로 교회의 충성된 일꾼이 되어집니다. 형제를 비판하거나 판단하지 아니하고 약점을 보완해주며 격려하고 위로하며 화합을 힘쓰고 덕 있는 사람이 됩니다. 교회의 일꾼으로 충성하며 목회자를 보호하고 섬기며 헌신하는 뵈뵈 집사와 브리스가와 아굴라 집사와 같은 열매를 맺습니다.

(3) 세상의 열매(12:14~13:14) : 세상에 속한 사람들이 박해하거나 핍박해도 대항하여 싸우지 아니하고 하나님께 맡기고 축복하고 섬깁니다. 선으로 악을 이기는 믿음의 열매를 맺습니다. 그리스도로 옷 입고 다시 오실 재림의 주님 맞이할 준비하며 살아가는 세상에서의 열매를 맺습니다.

✚   하나님의 사랑하심을 받은 자는 복음의 사람으로 변화받고 세워져 천국 신앙으로 열매 맺는 자가 되시기를 주 예수님의 이름으로 축복합니다. "아멘"

49

복음과 나(로마서 총론)

(로마서 1:1~17)

로마서는 사도 바울을 통해 로마에 있는 유대인 교회와 이방인 교회를 위해 하나님이 주신 말씀이며 오늘 우리에게 주시는 말씀입니다. 초대교회에서 성령 충만 받은 그리스도들이 당시 세계 제일 강대국인 로마에 가서 전도하여 교회가 부흥하는데 로마 황제가 유대인 추방명령을 내려 유대인들이 로마에서 떠났습니다. 그러므로 유대인들을 통해 복음을 받은 로마 사람들이 교회를 섬김으로 이방인 교회라 합니다. 얼마 후 로마 황제가 죽고 유대인 추방명령이 해제되어 유대인들이 로마에 들어가 세운 교회를 유대인 교회라 합니다. 유대인 교회의 교리적 문제는 예수를 믿음으로 구원받되 행함이 있어야 완성된다는 주장을 하였습니다. 이에 대하여 구원은 오직 믿음으로만 완성된다고 정의합니다. 이방인 교회의 교리 문제는 세례 받음으로 죄인이 의인되었다 하면서 방종한 생활을 하였습니다. 구원이 완성된 것으로 여기며 살았습니다. 사도 바울은 구원은 완성된 것이 아니고 천국 가는 날까지 이루어가는 것이라 하며 내재하는 성령이 죄와 싸움이 계속되며 경건하게 살아가게 함을 정의합니다. 로마서는 1장부터 11장까지는 구원을 말씀하고 12장부터 16장까지는 구원받은 사람의 열매에 대하여 말씀합니다. 본문 말씀을 통해 로마서 전체의 총론으로 복음과 나에 대한 말씀을 받겠습니다.

1) 복음(2~4절)

복음으로 구원받았다고 하는 사람들 중에는 복음에 대하여 정확하게 인식하지 못하여 횡설수설하는 사람들이 있습니다. 그러므로 복음을 말하지 못하는 것입니다. 본문에서 복음을 정확하게 정의합니다. 이 복음은 하나님이 선지자들을 통하여 하나님의 아들 예수에 대하여 성경에 미리 약속하신 것이라 하셨습니다. 복음은 예수입니다. 예수는 구원입니다.

"아들을 낳으리니 이름을 예수라 하라 이는 그가 자기 백성을 그들의 죄에서 구원할 자이심이라" 마 1:21

구원은 십자가에서 대속 제물 되신 예수님께 나아와 회개하여 죄사함 받은 사람에게 성령이 내재하여 부활의 생명을 받은 사람입니다. 이런 사람은 물과 성령으로 거듭난 사람 중생한 사람이라 합니다. 구원받은 사람은 천국이 마음에 있어 천국을 반응하여 입을 열면 천국이 증거 되는 것입니다. 그러므로 복음은 예수, 예수는 구원, 구원은 천국입니다.

2) 신분 변화(5~7절)

예수 믿고 구원받기 전에는 죄로 인해 마귀의 자녀이기에 죄를 인식하지 못하고 살았는데 예수 믿고 구원받음으로 하나님의 자녀가 되는 은혜로 신분이 변화된 것입니다(요 1:12).

(1) 하나님의 자녀가 된 사도들은 예수 그리스도의 종이라 고백하고 예수 그리스도의 종으로 평생 살았습니다. 종의 모든 권리는 주인에게 있듯이 예수의 종 된 사람들은 예수님을 주인으로 모시고 예수님께 예배하고 예수님 말씀을 순종하며 살아가는 것입니다.

(2) 예수님의 종으로 살아가는 사람이 예수님이 원하시는 일꾼(사도)으로 살아가는 것입니다. 예수님의 종이 되지 아니한 사람은 자기의 일을 하는 것입니다.

(3) 예수님의 종 된 사람이 예수님의 일꾼이 되고 예수님의 일꾼 된 사람이 예수님의 것, 예수님의 소유가 되어 살아갑니다. 예수님을 자기 소유로 사용하는 사람이 있습니다. 예수님의 종이 되어 예수님의 일을 하며 예수님의 소유가 된 사람은 하나님의 사랑을 받은 자로서 거룩한 성도, 구별된 성도로 변화된 것입니다.

3) 변화의 반응(8~17절)

(1) 예수 믿고 구원받아 하나님의 자녀 되어 예수님의 종으로 살아

가는 사람은 구원의 복음이 온 세상에 전파됨에 대하여 하나님께 감사하며 모든 일에 하나님의 섭리로 알고 감사의 반응이 일어납니다.

(2) 주인 되시는 하나님의 일, 하나님의 영광을 위한 기도가 계속 되어지는 것입니다.

(3) 하나님께 받은 은사대로 형제들의 신앙 유익을 위해 섬김으로 견고한 신앙을 갖게 하는 섬기는 일에 자원하게 되어집니다. 그러므로 열매를 맺습니다.

(4) 하나님께 복음을 받아 구원받았으니 복음의 빚진 자로 여겨 구원의 복음의 빚을 갚으려고 만나는 사람들에게 복음을 열심히 전도합니다.

(5) 복음이신 예수님을 통하여 구원받음을 부끄러워하지 아니하고 자랑스럽게 여겨 만나는 사람들에게 복음인 예수, 구원, 천국을 전도합니다. 이 모든 것이 구원받은 자의 반응으로 나타납니다.

✝   하나님의 사랑하심을 받은 자는 천국 신앙으로 날마다 승리하며 영원한 승리자 되시기를 주 예수님의 이름으로 축복합니다. "아멘"

50

모든 사람이 죄인

(로마서 3:23~28)

로마서는 16장까지 있습니다. 1장부터 11장까지는 구원을 말씀하고, 12장부터 16장까지는 열매에 대하여 말씀합니다. 1장 1~17절 말씀을 통해 로마서 전체의 총론으로 복음과 나에 대한 말씀을 받았습니다. 2~4절 말씀에서 복음을 정의합니다. 복음은 예수라고 말씀합니다. 예수는 십자가와 부활을 말씀합니다. 십자가의 은혜로 죄 사함 받은 사람에게 부활의 생명이 역사하는 것입니다. 그러므로 복음은 예수, 예수는 구원, 구원은 천국입니다. 천국이 마음에 있는 사람은 하나님의 자녀가 된 것입니다. 하나님의 자녀가 된 사람은 하나님을 주인으로 섬기며 하나님의 종으로 살아갑니다. 하나님의 종으로 살아가는 사람이어야 하나님의 일꾼(사도)으로 살아가게 되고 하나님의 소유되어 살아갑니다. 이는 하나님의 사랑을 받은 자로 성도가 된 것입니다. 성도는 감사가 되어 지고, 기도가 되어 지고, 섬김이 되어 지고 복음의 빚진 자로 전도하며 복음을 자랑스럽게 여기며 한평생 살아갑니다.

1) 이방인의 죄(1:18~32)

이방인이란 유대인이 아니란 말이나 실상은 예수 믿지 않는 사람을 말합니다. 다시 말하면 구원받지 못한 사람을 의미합니다. 죄를 크게 나누면 첫째 종교적인 죄 즉, 하나님에 대한 절대적인 죄가 있고 둘째는 사람에게 관계된 윤리적인 죄가 있습니다.

(1) 1:18~25 종교적인 절대적인 죄 : 하나님과 관계에서 죄가 죄의 근본이며 심판으로 지옥에 이르는 죄입니다. 하나님을 알되 감사하지도 아니하고 하나님께 영광을 돌리지 아니하며 하나님보다 썩어질 자신을 더 중요하게 여기며 살아갑니다. 마음에 하나님 두기를 싫어합니다.

(2) 1:26~32 윤리적인 죄 : 사람과의 관계에서 짓는 죄입니다. 육신의 욕망을 따라 살아가며 정욕대로 살아가고 모든 불의를 행하며 동성연애에 빠져 심판을 받는다 하셨습니다. 썩어지지 아니하는 영원한 영광인 천국복음이 아닌 잠시 있다가 없어지는 육신의 욕구를 충족하는 것에 더 가치를 두고 살아가는 모든 사람에게 방치의 형벌로 깨닫지 못하고 살아가는 것입니다. 윤리적인 죄보다 절대적인 죄 하나님을 거부한 죄로 지옥 심판 받는 것입니다.

2) 유대인의 죄(2:1~19)

유대인의 죄란 종교생활 하는 교회 안에 있는 사람들을 의미합니다. 교회 안에서 형제들에 대하여 판단하는 죄를 짓지 말라 하십니다. 형제의 주인이 하나님이심으로 하나님이 판단하실 것이라 하십니다. 그러므로 판단할 권리도 자격도 없는 것입니다. 그리고 사람은 모두 죄인이기에 판단 자체가 삐뚤어진 것입니다. 교회생활 하면서 무심코 한 말을 듣고 상처받아 고통 받는 일이 있습니다. 그러므로 조심해야 합니다. 한 사람을 실족하게 하는 일은 차라리 연자 맷돌이 그 목에 매여 바다에 던져지는 것이 나으리라 하였으니 한 생명을 소중히 여기라는 말씀입니다. 7절 말씀에 영광과 존귀와 영원한 천국을 찾는 자들에게 영생으로 갚아주신다 하셨고 8절 말씀에는 진리이신 예수님을 거부하고 모여 당을 짓고 육신의 욕심을 채우며 살아가는 자에게는 지옥의 심판이 있다 하셨습니다. 그러므로 천국 가는 사람은 천국을 반응하며 살고 지옥 가는 사람은 지옥을 반응하며 살아가는 것입니다.

3) 전 인류의 죄(3:1~13)

1장에서 이방인의 죄를 말씀하고 2장에서는 유대인의 죄에 대하여 말씀하고 3장에서 전 인류가 죄인이라 선포하십니다. 의인은 없나니 하나도 없다 하셨고 모든 사람이 죄를 범하여 죄인이라 말씀하셨습니다. 사람은 누구나 아담과 하와의 후손으로 태어났습니다. 그러므로 죄인으로 출생된 것입니다. 하나님에 대하여 관심이 없어 하나님을 찾지 아니하며 깨달음이 없습니다. 하나님을 두려워하지 않습니다. 그러므로 죄인이면서 담대합니다. 회개하지 않습니다. 모든 사람이 죄를 범하여 하나님의 영광에 이르지 못하였는데 그리스도 예수 안에 있는 속량으로 말미암아 하나님의 은혜로 값없이 의롭다 하심을 얻은 자 된 것입니다. 자기의 죄를 인정하고 회개하는 자에게 구원의 문, 천국 문이 열리는 것입니다.

✚   하나님의 사랑하심을 받은 자에게 영광과 존귀와 영원한 천국을 사모하며 준비하여 영생을 누리는 은혜가 있기를 주 예수님의 이름으로 축복합니다. "아멘"

51

믿음으로 되는 의인

(로마서 5:1~6)

로마서 1장부터 11장까지는 구원을 말씀하고 12장부터 16장까지는 구원받은 자가 맺는 열매에 대하여 말씀합니다. 1장 1~17절까지는 로마서 전체의 총론이라 할 수 있습니다. 복음과 복음으로 구원받은 자들의 변화와 반응에 대하여 말씀합니다. 1장부터 3장까지는 죄문제에 대한 말씀입니다. 모든 사람이 죄로 인해 지옥에 가고 있으므로 예수님이 오셔서 십자가에서 죽으시고 부활하심으로 죄 문제를 해결해 주셨습니다. 죄가 가장 큰 문제이어서 예수님이 이 땅에 오셔서 죽으셨습니다. 그러나 이 세상에 살고 있는 사람들은 죄를 크게 여기지 않습니다. 그러므로 회개 없는 종교생활에 머물러 있는 것입니다. 1장 18~32절 말씀에서 이방인의 죄 즉, 하나님을 믿지 아니하는 사람들이 짓는 절대적인 죄를 말씀합니다. 2장에서는 유대인의 죄 즉, 교회 다니는 사람들에 대한 죄라 할 수 있습니다. 판단하는 죄를 짓지 말라합니다. 사람은 판단할 자격이 없습니다. 하나님만이 판단할 수 있다 하십니다. 3장에서는 의인은 없나니 하나도 없으며 모든 사람이 죄인이라 선포하십니다. 의인은 행위가 아닌 믿음입니다.

1) 아브라함의 믿음(4:1~25)

1장부터 3장까지 말씀은 죄가 무엇인지 말씀하고 죄 사함 받는 자가 받는 믿음을 말씀합니다. 죄 사함이 없는 자에게 있는 믿음은 믿으려고 노력하는 믿음이고, 죄 사함을 받은 자가 믿는 믿음은 믿어지는 믿음으로 구원받아 천국 가는 것입니다. 그러므로 유대인들이 믿음의 조상으로 여기는 아브라함의 믿음에 대하여 말씀합니다. 아브라함이 하나님께 의인으로 인정된 것은 행위에 있지 않고 아브라함이 하나님을 믿으매 이를 그의 의로 여기셨다(창 15:6) 말씀합니다. 이와 같이 자기 행위로 의인되려하지 않고 믿음으로 의인됨을 믿는 자에게 의인 삼으신다 하십니다. 할례 받는 행위로 의인되는 것이 아니고 오직 믿음으로 의인된다 말씀합니다. 율법을 지켜 의인되려고 노력하는 유대인들에게 율법을 지켜 의인될 수 없고 오직 믿음으로 의인된다 하십니다. 구원받은 믿음이 노력으로 오는 것이 아니고 오직 하나님의 은혜로 믿어지는 믿음으로 의인되고 구원받는다 하십니다. 우리는 내가 믿는 믿음은 믿으려고 노력하는 믿음인지, 믿어지는 믿음인지 확인하고 믿어지는 믿음의 은혜로 하나님의 자녀 되고 천국 백성이 되어야 합니다.

2) 예수 믿음(5:1~21)

믿음으로 의롭다 하심을 받은 사람은 예수 그리스도로 말미암아 하나님과 화평을 누리는 것입니다. 죄인 된 우리에게 십자가를 통해 속죄함을 주시고 믿음을 선물로 주셔서 하나님 은혜 안에서 하나님의 영원한 영광을 바라보고 천국을 누리며 살아가는 복을 받은 것입니다. 그러므로 어떤 환난이나 곤고함이나 고난의 태풍이 불어와도 인내하게 되는 것입니다. 그리고 많은 연단으로 하늘의 소망이 더욱 견고하게 되는 것입니다. 독생자 되시는 예수님의 피로 의롭다 하심을 받은 우리는 지옥의 진노에서 영원한 부끄러움에서 구원을 받은 것입니다. 우리 모두의 조상 아담 한 사람의 불순종으로 우리 모두 죄인으로 태어나 죄의 심판을 받아 지옥 판결을 받은 것입니다. 그러나 둘째 아담 되시는 예수님이 하나님 되시는데 사람의 몸을 입고 의인으로 오셔서 우리 모두의 죄를 위해 십자가에서 속죄 제물 되시는 순종으로 예수님께 나아가 회개하는 사람은 누구든지 하나님이 용서해주시고 의인으로 인정하셔서 영원한 천국으로 인도하심으로 영생 복락을 누리는 것입니다.

3) 구원받는 믿음

구원받은 믿음의 소유자는 하나님의 사랑을 받은 사람입니다. 구원의 주체는 사람이 아니고 하나님이십니다. 그러므로 하나님이 사람을 어떻게 구원하시는지 하나님 말씀인 성경을 보아야 알 수 있습니다. 하나님은 한 사람을 구원하시기 위해 이 땅에 태어나게 하시고 전도자를 보내 복음을 듣게 하십니다. 그리고 마음에 하나님과 구원을 사모하게 하시고 교회에 다니게 하시며 복음을 듣게 하십니다. 복음을 듣는 중 회개하게 하시고 죄를 용서해 주시고 동시에 하나님이 마음에 들어오셔서 하나님이 믿어지게 하십니다. 그리고 하나님 나라를 사모하게 하시고 영원한 천국을 준비하며 살아가게 하시며 천국에 이르게 하십니다. 마귀 사탄이 여러 가지 방법으로 방해하지만 반드시 승리합니다. 때로는 넘어져도 성령님이 일으켜 세우시고 승리하게 하십니다(롬 10:13~15, 8:35~39).

✚ 　하나님의 사랑하심을 받은 자에게 하나님이 주신 믿음으로 영원한 승리자 되시기를 주 예수님의 이름으로 축복합니다. "아멘"

52

성화 구원

(로마서 6:1~5)

1장부터 11장까지는 구원을 말씀하고 12장부터 16장까지는 구원
받은 자가 맺는 열매에 대하여 말씀합니다. 1:1~17까지 말씀에서
로마서 총론이라 할 수 있습니다. 복음과 반응을 정의합니다. 복음은
예수, 예수는 구원, 구원은 천국입니다. 구원받아 마음에 천국이 있
는 사람은 하나님의 자녀가 된 사람입니다. 이런 사람은 하나님의 종
으로 하나님을 섬기며 하나님의 일을 하며 하나님의 소유가 되어 하
나님의 사랑을 받은 자로 성도가 된 것입니다. 성도가 된 사람은 감
사와 기도와 섬김을 반응하며 복음의 빚진 자로 전도를 반응하며 복
음을 자랑하며 살아갑니다. 1장 18~32절 말씀에서 이방인의 죄에
대하여 말씀하고 2장에서 유대인의 죄에 대하여 말씀하고 3장에서
전 인류가 죄인 됨을 선포합니다. 4장에서 아브라함이 믿음으로 의
인됨을 말씀하고 5장에서 속죄 제물 되신 예수님을 믿음으로 구원됨

을 말씀합니다. 십자가에서 죄 사함 받은 사람은 동시에 믿음이 내재합니다. 이 믿음으로 구원받습니다. 성화구원에 대한 말씀을 보겠습니다.

1) 성화(6:1~23)

그리스도 예수와 합하여 세례를 받은 우리는 예수의 죽으심과 합하여 세례를 받은 것입니다. 예수의 죽으심과 합하여 세례를 받음으로 예수와 함께 장사된 것이며 하나님 아버지의 영광으로 말미암아 그리스도를 죽은 자 가운데서 살리심과 같이 우리도 새 생명 가운데서 행하게 하시는 것입니다. 예수의 죽으심과 연합된 사람은 예수님의 부활과 연합된 것입니다. 그러므로 이는 자신이 죄에 대하여는 죽은 자요 그리스도 예수 안에서 하나님께 대하여는 살아있는 것입니다. 그러므로 우리의 죄가 우리 몸을 지배하지 못하게 하여 몸의 사욕에 순종하지 말고 하나님께 드리며 우리의 지체를 의의 무기로 하나님께 드리는 것입니다. 이는 우리가 율법 아래 있지 않고 은혜 아래 있기 때문입니다. 그러므로 우리는 죄로부터 해방되어 의의 종이 된 것입니다. 우리 육신을 의의 종으로 내주어 거룩함에 이르는 것입니다. 이는 우리가 하나님께 종이 되어 거룩함에 이르는 열매를 맺어 영생을 얻는 것입니다. 그러므로 죄의 삯은 사망이요 하나님의 은사는 그리스도 예수 안에 있는 영생입니다. 예수 믿고 구원받은 사람은 하나님의 사람으로 거듭난 사람이요 거룩한 백성으로 성화된 것입니다.

2) 율법(7:1~25)

　예수 믿고 구원받은 사람은 율법에서 해방된 것입니다. 예를 들면 부부가 살아있을 때에는 서로의 법에 제한을 받으나 하나가 죽으면 그 법에서 해방되어 자유롭게 다른 사람과 결혼할 수 있는 것과 같습니다. 이 세상의 모든 사람들은 하나님의 법을 어겨 타락한 아담의 후손으로 심판을 받은 사람들입니다. 그러므로 율법에 매여 있는 것입니다. 하나님이 우리에게 율법을 주신 것은 죄를 깨닫게 하여 십자가에서 회개하여 죄 사함 받아 구원 받음으로 율법에서 자유를 얻어 지옥의 심판에서 해방되기 위함입니다. 만약 율법이 없다면 죄가 무엇인지 모르고 회개하지 못합니다. 그리고 율법을 행함으로 구원받을 수 없기에 예수 믿고 구원받는 길을 열어주신 것입니다. 예수 믿고 구원받아 속사람이 성화된 사람은 하나님의 법을 즐거워하여 순종하며 살아갑니다. 그러나 죄로 타락된 육체의 본성은 죄의 법으로 나를 사로잡아 끌고 가므로 탄식합니다. "오호라 나는 곤고한 사람이로다 이 사망의 몸에서 누가 나를 건져내랴" 사도 바울은 탄식했습니다. 이는 모든 성도된 자들의 동일한 탄식으로 일생을 살아갑니다. 마음으로는 하나님의 법을 육신으로는 죄의 법을 섬기기 때문입니다.

3) 성령(8:1~39)

　성화되어 율법에서 해방된 사람은 그리스도 예수 안에 있는 자로서 정죄함이 없고 그리스도 예수 안에 있는 생명의 성령의 법이 죄와 사망에서 해방한 것입니다. 이들은 영을 따라 행하고 영의 일을 생각하므로 생명과 평안이 넘치는 것입니다. 우리 안에 하나님의 영이 있는 사람은 육신에 있지 않고 영에 있는 것입니다. 그리스도의 영이 없으면 그리스도의 사람이 아닙니다. 그러므로 우리는 하나님의 영으로 인도함을 받아 살고 있는 것입니다. 우리는 양자의 영을 받아 하나님을 아빠 아버지라 부르는 것입니다. 그리스도와 함께 하늘나라 상속자로서 영광을 받기 위해 고난도 함께 받는 것입니다. 우리가 받는 고난과 하늘나라에서 받을 영광과는 비교할 수 없는 것입니다. 성령이 우리 안에서 우리에 연약함을 도와 간구하시며 하나님의 뜻대로 살아가도록 인도하십니다. 그리고 예수님의 형상을 본받게 도우십니다. 하나님이 미리 예정하신 사람을 성령님이 부르시고 의롭게 하시고 영화롭게 하십니다. 그러므로 우리를 그리스도의 사랑에서 환난이나 고난이나 박해나 기근이나 적신이나 위험이나 칼이나 어떤 것으로도 끊어내지 못합니다. 우리 안에 있는 성령님이 우리를 천국까지 인도하십니다.

✝ 　하나님의 사랑하심을 받은 자는 십자가와 연합하여 죄 사함을 받아 부활의 생명을 받고 율법에서 해방되고 성령의 인도하심으로 영원한 승리자 되시기를 주 예수님의 이름으로 축복합니다. "아멘"

53

구원의 역사

(로마서 11:25~27)

로마서는 16장까지 있습니다. 1장부터 11장까지 구원을 말씀하고 12장부터 16장까지는 구원받는 자가 맺는 열매에 대하여 말씀합니다. 1장 1절부터 17절까지 말씀을 로마서 전체에 총론이라 할 수 있습니다. 총론에서 복음을 정의하고 복음으로 변화된 사람을 정의합니다. 2절부터 4절에서 복음은 예수, 예수는 구원, 구원은 천국이라 합니다. 예수 믿고 구원 받은 사람은 천국 가는 것입니다. 마음에 천국이 있는 사람은 예수 그리스도의 종으로 살아가고 예수님의 일꾼으로 살아간다고 1절에서 말씀합니다. 이런 사람은 6절에서 하나님의 것(소유)이라 하시고 7절에서 하나님의 사랑을 받은 자로서 성도가 되었다 하십니다. 8절부터 17절 말씀에서 성도의 반응으로 범사에 감사가 되어 지고 기도가 되어 지고 섬김이 되어 지고 복음의 빚진 자로 전도하며 살아가고 복음을 자랑스럽게 여긴다 하셨습니다.

과거 구원, 현재 구원, 미래 구원에 대하여 로마서 9장부터 11장 말씀을 보겠습니다. 말씀이 들려지고 믿어지고 말씀의 사람으로 세워지기를 축복합니다.

1) 과거 구원 (9:1~23)

구원의 역사를 다시 정리하면서 지난 과거 구원을 말씀합니다. 특별히 사도 바울은 자신의 동족들이 복음을 거부하여 구원받지 못함을 괴로워하는 심경을 토로했습니다. 우리 모두도 사도 바울 같이 우리의 자녀와 가족 형제와 이웃의 구원을 위해 기도하고 전도하여야 하겠습니다. 하나님이 아브라함의 씨가 다 그의 자녀가 아니라 오직 이삭으로부터 난 자라야 네 씨가 되리라 하셨습니다. 오직 택하심을 따라 되는 하나님의 뜻이 사람으로 말미암지 않고 오직 부르시는 하나님으로 말미암아 되는 것입니다. 구원은 원하는 자의 뜻대로 되는 것이 아니며 달음박질하는 자로 되는 것도 아니며 오직 하나님으로 말미암아 되는 것입니다. 그러면 하나님이 불공평하신 하나님이신가요? 결코 아닙니다. 우리는 하나님께 지음 받은 피조물입니다. 토기장이가 흙 한 덩어리로 귀하게 쓰는 그릇을 만들고 또는 천하게 쓰는 그릇을 만들 수 있는 권한이 있는 것 같이 구원은 하나님의 주권에 있습니다.

2) 현재 구원(10:1~21)

구원의 역사에 대하여 말씀하시는 중에 현재 구원에 대하여 말씀합니다. 유대인들은 하나님에 대한 열심히 특심하였으나 잘못된 지식으로 하나님의 의를 모르고 자기의 의를 세우려고 힘써 하나님의 뜻에 복종하지 아니하므로 버림받고 있다고 말씀합니다. 예수 그리스도는 모든 믿는 자에게 의를 이루기 위하여 율법의 마침이 되었습니다. 누구든지 예수님이 나를 위해 죽으셨고 부활하신 것을 믿으면 구원을 받습니다. 마음으로 믿어 의에 이르고 입으로 시인하여 구원을 받는 것입니다. 하나님은 지금도 전도자를 보내셔서 구원받지 못한 사람들에게 복음을 전도하게 하시고 복음을 듣는 자에게 믿게 하시고 거듭나게 하시고 영생을 얻게 하십니다. 그러므로 전도자의 발이 아름답다 하셨습니다. 믿음은 그리스도의 말씀을 들을 때 발생합니다. 하나님은 지금도 구원 받을 자를 찾고 계십니다. 우리는 삶의 현장에서 불신자에게 전도자로 하나님이 파송하신 것입니다. 복음의 빚진 자로 전도의 사명 감당하여 아름다운 발길이 되어야 합니다.

3) 미래 구원(11:1~36)

구원의 역사에서 미래 구원에 대하여 말씀합니다. 하나님은 구원하시기로 예정된 자들을 구원하신다 하십니다. 유대인들은 자기 의로 구원받으려고 하나님의 의를 거부하므로 구원이 이방인에게 풍성하게 되었다 하십니다. 그러므로 사도 바울은 이방인의 사도의 직분을 영광스럽게 여겼습니다. 하나님의 특별 은혜로 이방인으로 돌감람나무인 우리가 참감람나무에 접붙임을 받아 참감람나무의 열매를 맺어 구원받았으니 더욱 겸손하여 감사하므로 하나님을 섬기되 교만하지 말라 하십니다. 유대인들은 믿지 아니하므로 꺾이고 우리는 믿음으로 섰다 하십니다. 구원의 신비는 이방인의 충만한 수가 차기까지 이스라엘에게 구원의 문이 닫힌 것이라 하십니다. 이방인의 수가 차면 유대인에게 구원의 문이 열릴 것을 말씀합니다. 오순절 다락방에서 성령강림으로 복음이 유대인들을 통하여 이방인들에게 전도되었습니다. 이제는 이방인들을 통해 복음이 유대인들에게 전도되어 유대인과 이방인 모두 예수님이 재림하시는 날 영원 천국에 이를 것입니다.

✚　　이방인인 우리가 하나님의 특별한 은혜로 구원받아 하나님의 자녀가 되었으니 남은 생애 하나님께 감사와 찬송과 영광 올려드리는 은혜가 있기를 주 예수님의 이름으로 축복합니다. "아멘"

54

---•❖•---

성도의 예배 열매

(로마서 12:1~2)

　로마서는 16장까지 있습니다. 1장부터 11장까지는 구원을 말씀하고 12장부터 16장까지는 구원 받은 성도가 맺는 열매에 대하여 말씀합니다. 1:1~17 말씀을 로마서 총론이라 할 수 있는데 복음과 성화에 대하여 말씀합니다. 복음은 예수, 예수는 구원, 구원은 천국, 천국은 영생입니다. 마음에 천국이 있는 사람은 예수 그리스도의 종으로 일하며 주님의 것이 되어 성도가 된 사람입니다. 성도가 된 사람은 감사와 기도가 되어 지고 섬김의 삶을 살며 복음의 빚진 자로 복음을 자랑스럽게 여겨 전도하며 살아갑니다. 1장은 이방인의 죄 2장은 유대인의 죄 3장은 전 인류가 죄인임을 선포합니다. 4장은 아브라함의 믿음 5장은 예수를 구주로 믿는 자의 구원을 말씀합니다. 십자가의 은혜로 회개하고 용서받은 사람이 믿어지는 믿음으로 구원받습니다. 6장은 성화, 7장은 율법, 8장은 성령으로 예수와 함께 죽은 사람은 예수와 함께 살아 중생한 사람으로 성령이 내재하여 천국까지 성령이 인도하여 구원을 받습니다. 9장은 과거 구원, 10장은 현재 구원, 11장은 미래 구원으로 구원의 주권이 하나님께 있습니다. 구원받은 자의 예배 열매에 대한 말씀을 보겠습니다.

1) 예배 명령

말씀에 "너희 몸을 하나님이 기뻐하는 산 제물로 하나님께 드리라" 명령하셨습니다. 하나님 아버지는 하나님께 예배드리는 자를 찾는다 하셨습니다(요 4:23). 주일은 거룩히 하나님께 구별하여 드리는 날입니다. 하나님은 우리 모두를 살펴보고 계십니다. 예배는 여러 형태의 예배가 있습니다. 개인이 혼자 있는 처소에서 예배드릴 수도 있고 가정에서 가족이 함께 예배드릴 수도 있고 직장에서 예배드릴 수도 있습니다. 그러나 예배의 중심은 주일날 성전에 와서 하나님께 예배드리는 것입니다. 자유롭게 예배드리는 은혜를 받아 예배에 제한을 받지 않는 것이 당연한 것이 아니고 하나님의 특별한 은혜입니다. 하나님께 영광 돌리는 예배를 사탄이 공권력을 이용하여 방해하는 것입니다. 건강하여 교회 나올 수 있는 힘이 있으면 성전에 나와 예배 드려야 합니다. 우리는 하나님의 자녀입니다. 그러므로 하나님의 말씀을 우선으로 순종하므로 믿음을 지키다 하나님 앞에 서는 날 부끄러움이 없도록 해야 합니다.

2) 예배의 자세

예배드리는 자의 자세는 반드시 몸을 드려야 합니다. 몸을 드릴 때 온전한 마음과 생각으로 인격적인 자세이어야 하나님께 합당한 예배라 할 수 있습니다. 비대면 예배란 온전한 예배라 할 수 없습니다. 몸을 성별 되게 구별하고 하나님을 주인으로 모시고 하나님의 종의 자세로 드리는 것이 올바른 예배라 할 수 있습니다. 산제물 되려면 십자가 앞에 회개하여 죄 사함 받은 제물이어야 하나님이 받으시는 산제물이라 할 수 있습니다. 예배는 영적 예배입니다. 성령이 역사하는 예배입니다. 성령의 역사가 없이 사람만 모여 예배드린다면 육적인 예배로 하나님이 받지 않으십니다. 예배의 기준은 하나님이십니다. 하나님이 받으시는 예배되게 해야 합니다. 사람이 기준이 되는 예배는 하나님이 받지 않는 예배가 됩니다. 우리가 한 평생 셀 수 없이 많은 예배를 하나님께 드리는데 하나님이 받으시게 드린 예배가 얼마나 될지 점검해 보아야 합니다.

3) 예배 준비

하나님이 받으시는 온전한 예배되기 위하여 예배에 성공자 되기 위해 예배를 준비하는 것이 매우 중요합니다. 특별히 이 세대를 본받지 말라 하십니다. 세상은 죄로 타락된 오염된 세상입니다. 그러므로 하나님 말씀대로 순종하여 하나님께 예배드리기 위해 준비해야 합니다. 월요일부터 토요일까지 주일 예배 준비하는 기간입니다. 주일을 하나님께 드리기 위해 6일 동안 말씀 중심으로 살아가는 것입니다.

예배 전 회개하여 용서받고 마음을 새롭게 하여 변화된 언행심사를 가지고 예배를 드리기 위해 준비하는 것입니다. 하나님이 선하게 여기시는 것은 오직 믿음으로 드리는 것입니다. 하나님이 원하시는 예배가 무엇인지 기도하며 찾고 말씀을 들으며 읽으며 하나님이 기뻐하시는 뜻을 분별하여 준비하고 드리는 것입니다. 철저한 예배 준비가 있을 때 정성이 있는 온전한 예배가 될 수 있습니다. 예배환경준비, 헌금준비, 의복준비, 예배시간준비, 예배좌석준비, 예배봉사준비 등 사명에 따라 하나님이 받으시기에 합당한 예배되기 위해 준비하는 것입니다.

✚　　예배드리기를 사모하여 하나님이 받으시는 산 제물 되는 예배로 하나님이 기뻐 받으시는 예배로 예배 성공자 되시기를 주 예수님의 이름으로 축복합니다. "아멘"

55

성도의 교회 열매

(로마서 12:3~13)

구원받는 성도가 맺는 첫 번째 열매로 하나님께 대한 예배 열매입니다. 하나님은 하나님이 기뻐하시는 거룩한 산 제물로 예배드리라고 명령하셨습니다. 하나님은 하나님께 예배드리는 자들을 찾는다 하셨습니다. 그러므로 하나님께 예배드리기 위해 이 세대를 본받지 말고 마음을 새롭게 하여 변화를 받아 하나님의 선하시고 기뻐하시고 온전하신 뜻이 무엇인지 분별하여 하나님께 예배드리라 하셨습니다. 하나님의 사랑을 받아 성도된 사람들이 두 번째 맺는 교회 열매에 대한 말씀을 보겠습니다.

1) 교회에서 성도의 기능(12:3~13)

예수 믿고 구원받은 성도는 예수님의 몸 된 교회에 붙어있는 지체입니다. 지체의 기능은 모두 다른 기능으로 역할을 감당하여 예수님의 몸 된 교회를 건강하게 하는 것입니다. 그러므로 자기가 받은 은사대로 최선을 다하여 섬기되 마땅히 생각할 그 이상의 생각을 품지 말라 하십니다. 형제들의 기능과 역할에 대하여 지나치게 높게 평가하거나 낮게 비판하지 말라 하십니다. 은혜로 받은 은사가 각각 다르니 예언이면 믿음의 분수대로 할 것이요 혹 섬기는 일, 가르치는 일, 위로하는 일, 구제하는 일은 성실함으로 할 것이요 다스리는 자는 부지런함으로 할 것이요 긍휼을 베푸는 자는 즐거움으로 하라 하십니다. 악을 미워하고 선에 속하라 하십니다. 형제를 사랑하여 우애하고 먼저 존경하며 열심을 품고 주를 섬기라 하십니다. 천국 소망으로 즐거워하며 환난 중에 참으며 기도에 항상 힘쓰며 성도들의 쓸 것을 공급하며 손님 대접하기를 힘쓰라 하십니다.

2) 성도 간에 판단과 비판 금지(14:1~23)

교회 안에는 예수 믿고 구원받은 신앙의 성숙도가 각각 다르고 은사도 다르고 성격도 다르고 직업도, 지식도 경제 능력도 다르고 서로 다른 환경에서 성장하던 사람들의 다양성이 존재합니다. 판단의 공통점은 자기 수준에서 남을 판단합니다. 그리고 비판합니다. 이로 인해 교회 공동체에 다툼이 일어나고 서로가 상처를 받아 사탄이 역사하여 교회를 떠나게 하거나 전도의 길을 막게 하고 교회를 무너지게 합니다. 판단은 하나님의 권한에 있는 것입니다. 사람은 판단할 권리도 능력도 없습니다. 우리 모두는 죄인이어서 온전하지 못합니다. 어린아이는 어린아이의 행동을 하는 것이 정상입니다. 그러나 장성하면 어린아이의 일을 버리고 장성한 사람이 하는 행동을 하게 됩니다. 그러므로 장성하기를 기다려야 합니다. 형제를 비판하거나 업신여기는 사람은 하나님의 심판대 앞에 서서 자백한다 하셨습니다. 우리 모두 형제를 사랑하고 섬김으로 승리하는 것입니다.

3) 덕과 화합(15:1~33)

교회 안에 덕 있는 성도들의 행동이 교회를 평안하게 하고 교회생활을 행복하게 합니다. 덕 있는 사람은 믿음이 약한 자의 약점을 담당하여 섬깁니다. 예수님이 죄인을 구원하기 위해 이 땅에 오셔서 십자가에서 대속 제물 되는 섬김으로 우리가 하나님의 은혜로 구원 받아 하나님의 자녀가 되었습니다. 특히 유대인과 이방인 간에 그리스도 안에서 서로 화합하라 하십니다. 유대인도 이방인도 예수 믿고 구원받아 하나님의 자녀가 되었으니 서로 형제가 된 것이며 함께 하나님을 경배하고 찬양하며 영광을 하나님께 올려드리는 형제가 되었으니 서로 사랑하며 화합하는 것입니다. 예루살렘 교회를 통해 영적 복음을 받아 세워진 이방인 교회들이 구제헌금을 모아 예루살렘 교회의 경제적 어려움을 섬기는 것이 마땅하다 하였습니다. 영적으로 복음으로 섬기는 목회자들을 경제적으로 섬기는 것이 합당한 것입니다. 사도 바울은 성도들에게 중보기도를 요청하고 축복했습니다. 목회자는 성도를 위해 기도하고 성도는 목회자를 위해 기도하므로 함께 교회를 섬기는 것입니다.

4) 교회 일꾼과 보호자(16:1~27)

사도 바울은 마지막으로 동역자였던 교회 일꾼들을 소개하고 있습니다. 한평생 사역현장에서 함께하고 섬겼던 사람들을 말합니다. 첫 번째로 말한 뵈뵈 집사는 교회 일꾼이며 나의 보호자라고 소개합니다. 교회 일은 열심히 하는데 목회자를 보호하지 않는 사람들이 있으나 이들은 칭찬과 책망을 겸하여 받는 사람입니다. 그리고 브리스가와 아굴라 집사 부부의 헌신을 말씀합니다. 이들은 부부가 한마음으로 사도 바울의 사역을 위해 물질로 몸으로 한평생 헌신했습니다. 그리고 여러 사람들의 헌신과 이름을 소개합니다. 이들의 헌신으로 바울의 복음 사역에 꽃이 피고 열매를 맺은 것입니다. 바울 혼자 한 것이 아닙니다. 하나님이 동역자를 붙여주시고 섬기게 하신 것입니다. 그러므로 서로 문안하고 위로하라고 당부하였습니다. 그리고 교회 안에 분파주의 자들과 가까이 하지 말고 떠나라고 하였습니다. 교회 안에서 편 가르기 하여 자기편을 만드는 사람을 조심해야 합니다. 그러므로 선한 데 지혜롭고 악한 데 미련하라 말씀합니다.

✚   복음이 나의 복음이 되고 복음으로 견고해진 신앙으로 승리하여 하나님께 영광 올려 드리시기를 주 예수님의 이름으로 축복합니다. "아멘"

56

성도의 세상 열매

(로마서 12:14~13:14)

로마서는 16장까지 있습니다. 1장부터 11장까지는 구원을 말씀하고 12장부터 16장까지는 구원받은 성도가 맺는 열매를 말씀합니다. 1장부터 5장까지는 죄를 회개하여 죄 사함 받은 사람이 믿어지는 믿음으로 구원받음을 말씀하고 6장부터 8장까지는 성화 구원으로 내 안에 계신 성령님의 역사로 천국 가는 날까지 날마다 이루어가는 구원을 말씀하고 9장부터 11장까지는 구원의 주체는 하나님이신데 지금도 계속 하나님은 구원받을 자들을 찾고 계시며 하나님이 정하신 구원받을 자들의 수가 차면 예수님이 재림하실 것을 말씀합니다. 구원의 역사를 하나님이 계속 이루어가고 있다고 말씀합니다. 구원받은 성도가 첫 번째 맺는 열매는 예배의 열매를 맺는다 하십니다(12:1~2). 구원받은 성도가 맺는 두 번째 열매로 교회와의 관계와 섬기는 열매입니다(12:3~13,14:1~16:27). 세 번째 열매로 세상에서 맺는 열매에 대한 말씀을 보겠습니다.

1) 사회생활(12:14~21)

구원받은 성도는 천국 가는 날까지 이 세상에서 사회생활을 하게 됩니다. 예수 믿는 사람과 예수 믿지 않는 사람은 물과 기름과 같이 하나가 될 수 없습니다. 그러므로 구원받지 못한 이방인은 구원받은 성도를 미워하고 박해하는 일이 일어납니다. 이런 일이 있을 때 성도들은 박해하는 사람을 축복하고 저주하지 말라 하십니다. 성령의 은혜가 있어야 가능한 일입니다. 성도된 우리는 이웃이 즐거워 할 때 함께 즐거워하고 우는 자들과 함께 울라 하십니다. 겸손하여 낮은 자세로 이웃과 함께 하라 하셨습니다. 어떤 경우에도 악을 악으로 갚지 말고 모든 사람 앞에서 선한 일을 하라 하십니다. 원수 갚는 일은 하나님께 맡기고 원수가 주리면 먹을 것을 주고 목마르거든 마실 것을 주라 하십니다. 그리하면 원수의 머리에 숯불을 쌓는 것이 되어 하나님이 심판 하신다 하십니다. 악에게 지지 말고 선으로 악을 이기라 하십니다. 믿음으로 세상을 이기라 명령하셨습니다.

2) 권력에 대한 태도(13:1~10)

이 세상의 모든 권력자는 하나님이 세우셨으므로 하나님의 주권 아래 있는 것입니다. 하나님이 권력을 주신 것은 하나님의 뜻대로 말씀대로 권력을 행사해야 할 책무가 있습니다. 하나님의 말씀대로 치리하는 권력에 복종하는 것이 하나님 말씀에 순종하는 것이라 하십니다. 그러나 권력자가 하나님의 뜻을 거역하면 하나님이 선지자들을 통해 책망하고 바른길을 제시합니다. 권력자가 순종하여 하나님의 뜻을 따르면 복이 되고 백성도 복을 받습니다. 그러나 권력자가 하나님의 뜻을 거역하면 하나님의 징계를 받아 고통으로 이어지고 백성도 고난을 당하게 됩니다. 그러므로 지도자를 위해 기도해야 합니다. 권력자는 하나님의 사역자로서 선행자에게 포상하고 악행 자에게 징벌하는 것입니다. 모든 백성들은 자기 의무를 성실하게 이행해야 하고 두려워할 자를 두려워하고 존경할 자를 존경하라 하십니다. 그리고 사랑의 빚 외에는 아무에게도 아무 빚도 지지 말라 하십니다. 도덕적 채무를 지지 말라 하십니다. 이웃을 사랑하여 율법을 완성하라 하십니다.

3) 종말을 앞둔 성도(13:11~14)

구원받은 성도는 예수님이 마음에 계셔서 다시 오실 예수님을 사모하여 천국을 바라보며 한평생 살아갑니다. 그러므로 예수님의 재림이 가까이 왔음을 느끼는 공통점이 있습니다. 본문에도 구원이 가까이 왔으니 자다가 깰 때가 되었다고 하십니다. 밤이 깊고 낮이 가까이 왔다 하십니다. 그러므로 어둠의 일을 버리고 빛의 갑옷을 입으라 하십니다. 믿음의 옷을 입고 예수님 맞이할 준비하라는 것입니다. 낮에와 같이 단정히 행하고 방탕하거나 술 취하지 말며 음란하거나 호색하지 말며 다투거나 시기하지 말고 오직 주 예수 그리스도로 옷 입고 거듭남으로 영혼의 옷을 입고 정욕을 위하여 육신의 일을 도모하지 말라 하십니다. 다시 오시리라 말씀하신 주님의 약속에 따라 준비된 성도로 살다가 예수님이 언제 재림하시든지 보라 신랑이로다 맞으러 나오라 할 때에 아멘 주 예수여 오시옵소서 할 수 있도록 깨어있는 지혜로운 신부되어 영원한 승리자 되어야 합니다.

✚   하나님의 사랑하심을 받은 성도 여러분 박해하는 자들을 축복하고 하나님 말씀에 따라 이웃에게 사랑으로 행하고 예수님 맞이할 준비로 영원한 승리자 되시기를 주 예수님의 이름으로 축복합니다. "아멘"

57

로마서 전체 내용 요약

(로마서 16:25~27)

　　본문 말씀을 보면 나의 복음이 되라 하십니다. 구원은 단체로 받는 것이 아니고 개인적으로 받는 것입니다. 그러므로 각자 개인이 예수님을 믿어 나의 복음이 되어야 하고 나의 복음이 견고하여 흔들리지 말아야 하나님께 영광을 올려 드릴 수 있습니다.

1) 총론(서론) (1:1~17)

　　복음은 예수이고 예수는 구원입니다. 십자가의 은혜로 죄 사함 받은 사람은 예수님의 부활의 생명이 들어와 구원받은 사람으로 마음에 천국이 들어와 있는 사람이며 영생을 얻을 자 입니다. 이는 하나님의 자녀의 신분을 얻은 자 입니다. 그러므로 하나님을 주인으로 모시고 하나님의 뜻에 순종하는 종의 태도로 살아가며 하나님의 일꾼이 되고 하나님의 소유가 되고 구별된 성도로 살아가는 것입니다. 하나님의 자녀가 되어 하나님의 종의 태도로 살아가는 사람은 모든 것이 하나님의 은혜임을 느껴 범사에 감사가 되어지는 반응이 일어나며 범사에 기도의 반응으로 항상 기도에 힘쓰게 되는 것입니다. 하나님의 은혜에 젖어 하나님과 이웃을 자원하여 섬기는 반응이 일어나고 복음에 빚진 자로 나 같은 죄인 살리신 주님의 은혜를 갚으려 힘쓰며 복음을 자랑스럽게 여겨 복음을 전도하는 반응으로 살아가는 것입니다.

2) 구원(1:18~11:36)

(1) **믿음으로 구원**(1:18~5:21) 이방인의 죄란 구원받지 못한 사람들의 죄를 말씀합니다. 지옥 가는 사람의 죄는 하나님을 알되 하나님을 영화롭게 하지 않습니다. 하나님을 섬기지 않고 하나님께 예배하지 않습니다. 하나님의 은혜를 받아 살아가면서 하나님께 감사하지 않습니다. 영원한 영광보다 잠시 있다가 없어지는 육신의 영광을 추구하며 살아가며 창조주 하나님보다 하나님이 만드신 만물을 경배하고 섬기는 죄를 지으므로 지옥의 판결을 받는 것입니다. 죄 중에 가장 큰 죄가 하나님을 주인으로 섬기지 않는 죄입니다. 의인은 없나니 하나도 없으므로 전 인류가 죄인임을 선포합니다. 그러므로 아브라함에게 하나님이 믿음을 주시고 의인 삼으셔서 믿음의 조상으로 세우셨습니다. 하나님은 우리에게 죄를 알게 하시고 회개하게 하시고 십자가의 은혜로 죄 사함 받아 믿어지는 믿음으로 구원받는 은혜를 주셨습니다.

(2) **성화구원**(6:1~8:39) 십자가의 은혜로 죄 사함을 받은 세례는 부활의 생명이 들어와 영생을 얻은 자로서 거듭난 사람 혹은 중생한 자라 합니다. 이런 사람은 율법에서 해방된 것입니다. 내 영혼은 하나님의 생명으로 태어나 하나님만 사랑하고 섬기려 하나 육신이 죄의 본성으로 이끌어 가므로 혹 넘어지기도 합니다. 그러나 내안에 계신 성령님이 천국 가는 날까지 나를 일으켜 세우시고 인도하십니다. 그러므로 구원은 완성된 것이 아니라 이루어 가는 것으로 성화구원이라 합니다.

(3) **구원의 역사**(9:1~11:36) 아브라함이 구원받은 역사를 보면 하나님이 아브라함에게 하나님을 믿는 믿음을 주시고 구원하셨습니다. 그러므로 구원이 사람의 노력이나 선행으로 되는 것이 아니고 하나님의 전적인 은혜로 됨을 알 수 있습니다. 그리고 하나님은 지금도 구원받을 예정된 자들을 찾고 기다리시고 계십니다. 그러므로 전도자를 파송하시고 전도자들을 통해 부르고 하나님이 인도하십니다. 그리고 하나님이 계획하신 이방인 중에 구원받기로 예정된 백성의 수가 다 차면 유대인을 구원하시고 예수님이 재림하셔서 새 하늘과 새 땅에서 영생복락을 누리게 하십니다.

3) 열매(12:1~16:27)

(1) **하나님에 대한 열매**(12:1~2) 구원받은 성도가 맺는 열매로 예배의 열매를 맺습니다. 예배를 사모하게 되고 예배를 하나님께 드려 영광을 올려드리고 산 제물 되어 예배자의 삶을 살아가게 됩니다.

(2) **교회의 열매**(12:3~13,14:1~16:27) 예수 믿고 구원받은 성도는 주님의 몸 된 교회에 붙어있는 지체되어 받은 은사대로 섬기며 주님께로부터 공급받는 생기로 힘을 얻어 살아가는 것입니다. 교회 안에서 서로의 약점을 담당하여 섬겨 교회의 일꾼이 되고 서로 보호하고 목회자를 보호하는 열매를 맺습니다.

(3) **세상에 대한 열매**(12:14~13:14) 구원받아 천국 백성이 되었으나 천국 가는 날까지 이 세상에서 살면서 천국 갈 준비하는 것입니다. 그러므로 선으로 악을 이기라 하십니다. 믿음으로 세상을 이기는 것입니다. 하나님의 뜻을 순종하는 삶으로 빛과 소금의 역할을 감당하면서 다시 오실 예수님 맞이할 준비하는 삶으로 열매 맺는 것입니다.

✚ 하나님께 예배 열매 맺고 교회의 일꾼으로 열매 맺고 세상을 믿음으로 이기는 열매 맺어 영원한 승리자 되시기를 주 예수님의 이름으로 축복합니다. "아멘"

천국
복음